FILOSOFIA

FILOSOFIA

50 conceitos e teorias fundamentais explicados de forma clara e rápida

Editor **Barry Loewer**

PubliFolha

Título original: *30-Second Philosophies*

Publicado originalmente na Grã-Bretanha em 2009 pela Ivy Press Limited,
210 High Street, Lewes, East Sussex BN7 2NS, Inglaterra.

Copyright © 2009 by Ivy Press Limited
Copyright © 2016 Publifolha Editora Ltda.

Todos os direitos reservados. Nenhuma parte desta obra pode ser reproduzida,
arquivada ou transmitida de nenhuma forma ou por nenhum meio sem a
permissão expressa e por escrito da Publifolha Editora Ltda.

Proibida a comercialização fora do território brasileiro.

Coordenação do projeto **Publifolha**
Editora-assistente **Andréa Bruno**
Produtora gráfica **Samantha R. Monteiro**

Produção editorial **Página Viva**
Tradução e consultoria **Ricardo Ploch**
Preparação e edição **Carlos Tranjan**
Revisão **Catharine Rodrigues, Maria Prado**
Diagramação **Mariana Leme, Priscylla Cabral**

Edição original **Ivy Press**
Diretor de criação **Peter Bridgewater**
Publisher **Jason Hook**
Diretora editorial **Caroline Earle**
Diretor de arte **Michael Whitehead**
Editor **Nic Compton**
Designers **James Hollywell, Les Hunt**
Projeto gráfico **Linda Becker**
Ilustrações **Ivan Hissey**
Glossários **James Garvey**
Pesquisa iconográfica **Lynda Marshall**
Prefácio **Stephen Law**
Colaboradores **Julian Baggini, Kati Balog, James Garvey,
  Barry Loewer, Jeremy Stangroom**

Dados Internacionais de Catalogação na Publicação (CIP)
(Câmara Brasileira do Livro, SP, Brasil)

Filosofia : 50 conceitos e teorias fundamentais explicados de forma
clara e rápida / editor Barry Loewer ; prefácio Stephen Law ;
[tradução Ricardo Ploch]. – 1. ed. – São Paulo : Publifolha, 2016.

Título original: 30-second philosophies.
1ª reimpr. da 1ª ed. de 2014.
Vários colaboradores
ISBN 978-85-7914-563-6

1. Ética 2. Filosofia 3. Linguagem Filosofia 4. Linguagem e lógica
I. Loewer, Barry. II. Law, Stephen.

14-11750   CDD-100

Índice para catálogo sistemático:
1. Filosofia   100

Este livro segue as regras do Acordo Ortográfico da Língua
Portuguesa (1990), em vigor desde 1º de janeiro de 2009.

Impresso na Prosperous, China.

PubliFolha
Divisão de Publicações do Grupo Folha
Al. Barão de Limeira, 401, 6º andar
CEP 01202-900, São Paulo, SP
Tel.: (11) 3224-2186/2187/2197
www.publifolha.com.br

SUMÁRIO

- 6 Prefácio
- 8 Introdução
- 10 Como se tornar um filósofo

12 Linguagem e lógica
- 14 GLOSSÁRIO
- 16 Os silogismos de Aristóteles
- 18 O paradoxo de Russell e o logicismo de Frege
- 20 Perfil: Aristóteles
- 22 A teoria das descrições de Russell
- 24 O quebra-cabeça de Frege
- 26 O teorema de Gödel
- 28 Epimênides e o paradoxo do mentiroso
- 30 Eubulides e o paradoxo do monte

32 Ciência e epistemologia
- 34 GLOSSÁRIO
- 36 Penso, logo existo
- 38 Os contraexemplos de Gettier
- 40 Perfil: Karl Popper
- 42 Cérebro em uma cuba
- 44 Hume e o problema da indução
- 46 O enigma de Goodman
- 48 As conjecturas e refutações de Popper
- 50 Kuhn e as revoluções científicas

52 Mente e metafísica
- 54 GLOSSÁRIO
- 56 Descartes e o problema mente-corpo
- 58 Brentano e a intencionalidade
- 60 Fodor e a linguagem do pensamento
- 62 As pessoas de Parfit
- 64 Perfil: René Descartes
- 66 Os zumbis de Chalmers
- 68 Os paradoxos de Zenão
- 70 A mão esquerda de Kant
- 72 O navio de Teseu
- 74 O demônio de Laplace, determinismo e livre-arbítrio
- 76 Ryle e o fantasma na máquina

78 Ética e filosofia política
- 80 GLOSSÁRIO
- 82 A ética de Aristóteles
- 84 Estados de natureza e o contrato social
- 86 O imperativo categórico de Kant
- 88 Perfil: Immanuel Kant
- 90 O utilitarismo de Mill
- 92 O materialismo histórico de Marx
- 94 O problema do bonde

96 Religião
- 98 GLOSSÁRIO
- 100 Tomás de Aquino e as cinco vias
- 102 O argumento ontológico de Anselmo
- 104 Perfil: Tomás de Aquino
- 106 O enigma de Epicuro
- 108 O relojoeiro de Paley
- 110 A aposta de Pascal
- 112 Hume contra os milagres

114 Grandes momentos
- 116 GLOSSÁRIO
- 118 O método de Sócrates
- 120 A caverna de Platão
- 122 As quatro causas de Aristóteles
- 124 O atomismo de Lucrécio
- 126 Perfil: Ludwig Wittgenstein
- 128 O idealismo de Berkeley
- 130 Kant e o sintético *a priori*
- 132 Hegel e a dialética
- 134 James e o pragmatismo
- 136 Moore e o senso comum
- 138 Wittgenstein e a teoria figurativa da linguagem

140 Filosofia continental
- 142 GLOSSÁRIO
- 144 O super-homem de Nietzsche
- 146 Perfil: Friedrich Nietzsche
- 148 Derrida e a desconstrução
- 150 Heidegger e o nada
- 152 Sartre e a má-fé

APÊNDICES
- 154 Sobre os colaboradores
- 156 Fontes de informação
- 158 Índice
- 160 Agradecimentos

PREFÁCIO
Stephen Law

A filosofia aborda aquelas que às vezes recebem o nome de "grandes questões", entre elas as relativas à moralidade ("O que torna algo moralmente certo ou errado?"), ao que podemos conhecer, se é que isso é possível ("Como saber se o mundo a seu redor é real, e não uma realidade virtual gerada por computadores?"), à natureza da existência ("Você é seu cérebro?", "Possuímos almas?") e à natureza da realidade ("Por que existe algo, e não nada?").

A religião tenta responder a muitas dessas mesmas perguntas, mas, embora filosofia e religião coincidam parcialmente em relação a suas dúvidas, elas podem adotar abordagens diferentes para respondê-las. Enquanto a fé e a revelação são as pedras angulares típicas da crença religiosa, a filosofia confere uma grande importância à razão – ao uso da inteligência para descobrir, da melhor forma possível, quais são as respostas.

Atribui-se a Sócrates o dito "A vida sem reflexão não vale a pena ser vivida". Essa é uma afirmação forte – forte demais, em minha opinião. Suponha que um grupo de pessoas levou uma vida altruísta, ajudando e melhorando a vida de amigos, familiares e comunidade. Dificilmente pode ser dito que eles tiveram uma existência sem nenhum valor simplesmente porque nunca se preocuparam em ponderar uma questão filosófica.

Não obstante isso, não tenho dúvidas de que algum contato com a filosofia pode ser algo valioso. As habilidades que ela desenvolve – tais como a capacidade de identificar uma falácia lógica, ou argumentar de forma sucinta e com precisão – são o tipo de habilidades "transferíveis" que os empregadores valorizam. Um pouco de treino em filosofia também pode nos ajudar a construir defesas críticas robustas e a imunizar-nos contra os embustes de falastrões e pernósticos. Mas essas habilidades não são a única razão pela qual uma reflexão filosófica pode valer a pena.

Quer estejamos cientes disso, quer não, todos nós temos crenças filosóficas. A de que Deus existe é uma crença filosófica, assim como a de que ele não existe. Outra convicção filosófica é a de que certo e errado não é apenas questão de opinião pessoal, assim como a de que é. Muitos de nós passamos a vida toda sem nem mesmo nos darmos conta de que temos crenças filosóficas, quanto mais questioná-las. Talvez você pergunte: "Qual a diferença de propor ou não essas questões? Afinal, as crenças e a vida daqueles que pensam sobre elas não são tão diferentes das crenças e da vida dos que não o fazem. Logo, por que se dar o trabalho?". Talvez porque a vida sem reflexão não seja uma vida escolhida livremente, com plena consciência das alternativas.

Se isso não o convence de que um pouco de filosofia é boa ideia – bem, resta o fato de que, boa para você ou não, *a filosofia é divertida*. Neste livro, você encontrará algumas das ideias mais intrigantes, inteligentes, surpreendentes e às vezes pura e simplesmente perturbadoras já produzidas pela humanidade. Dê uma olhada e as descubra.

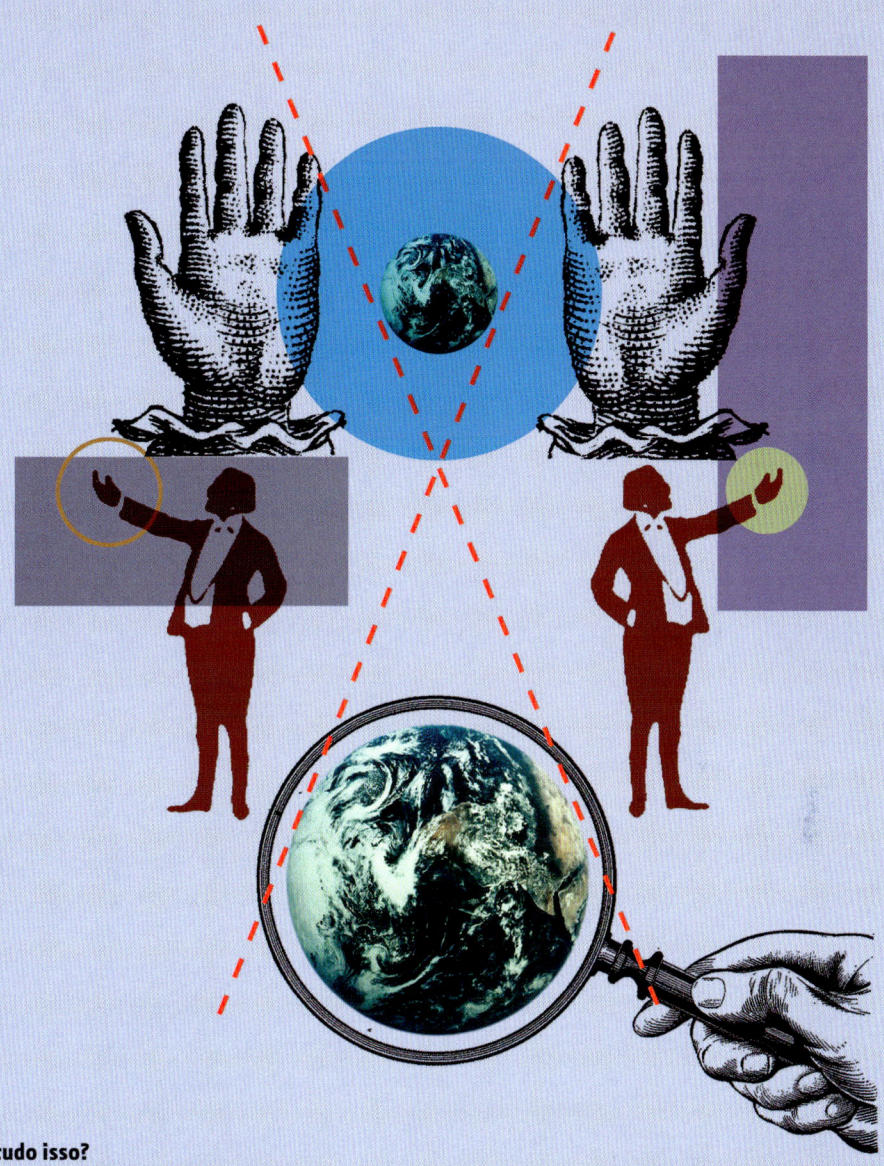

O que significa tudo isso?
Deus existe ou não? Como devo me comportar? O que é real? Como sabemos o que sabemos? Neste livro, escritores de destaque no campo da filosofia vão desafiar seus processos de pensamento com um curso relâmpago para entender os fundamentos do entendimento.

Idealismo platônico

As "grandes questões" começaram com os maiores filósofos gregos. Segundo Platão, tudo neste mundo é um reflexo de sua verdadeira forma ideal que existe fora do mundo. Essa experiência foi comparada por Platão à de sombras vacilantes de objetos projetadas na parede de uma caverna pela luz de uma fogueira (veja p. 120).

INTRODUÇÃO
Barry Loewer

A filosofia tenta chegar à essência das coisas formulando perguntas e propondo respostas. No fundamento da ciência, por exemplo, estão questões como "Quais são os objetivos das ciências?", "O que é o método científico e por que ele é tão bem-sucedido?", "O que é uma lei científica?", "O que é o tempo?", e assim por diante. Em geral, os cientistas não se detêm em questões fundamentais como essas, uma vez que estão muito ocupados trabalhando na própria ciência. Eles podem seguir em frente simplesmente aceitando certas posições, de forma implícita ou explícita, sem questioná-las. A reflexão sobre questões que dizem respeito ao âmago das coisas e ao desenvolvimento de explicações sistemáticas dos fundamentos da ciência é uma tarefa deixada aos filósofos da ciência.

Outros ramos da filosofia dizem respeito aos fundamentos de ética, arte, religião, matemática, psicologia, linguagem e do pensamento em geral. De fato, para cada assunto e atividade humana, existe uma filosofia que explora seus fundamentos. Os ramos mais gerais da filosofia são a ontologia (sobre o que existe), a epistemologia (sobre como e quanto podemos conhecer do que existe) e a ética (sobre o que devemos fazer com o que existe).

Os filósofos vêm refletindo sobre essas questões por ao menos 2.500 anos. Tudo começou com os grandes filósofos gregos Sócrates, Platão e Aristóteles, reverberando até os dias de hoje, quando a maioria (embora nem todos) dos filósofos é composta de indivíduos que são também professores universitários. A filosofia acabou se tornando uma espécie de conversa através dos séculos entre esses filósofos. Por exemplo, a questão "O que é o conhecimento?" foi formulada pelos gregos, cujas respostas foram discutidas pelos filósofos medievais, cujas respostas, por sua vez, foram debatidas e enriquecidas pelos filósofos dos séculos XVII e XVIII, como Descartes, Leibniz e Hume. Um filósofo contemporâneo que deseje abordar essa questão terá um olho na história e outro no que seus contemporâneos estão dizendo. Ao longo dessa conversa contínua, surgiram muitos problemas, posições e paradoxos. Neste livro, você encontrará uma amostra deles.

COMO SE TORNAR UM FILÓSOFO
Barry Loewer

Se você está cético a respeito da possibilidade de se tornar um filósofo, então já deu um pequeno primeiro passo nessa direção. A atitude cética e a inclinação ao questionamento são centrais para a filosofia. Ao questionar suas crenças (e as dos outros) com a cabeça aberta, você compreenderá melhor aquilo em que acredita e quais são suas convicções, e assim passará a se conhecer melhor. Embora não seja possível que você se torne um filósofo (pode ser que já o seja) apenas por ler este texto, posso apresentar-lhe algumas questões que talvez o levem um pouco adiante.

A maioria de nós não coloca em dúvida que devemos cumprir nossas promessas. Mas isso é sempre verdade? O que dizer do caso em que Burt promete devolver a arma de Hilary, mas fica sabendo que Hilary pretende usá-la para atirar em Willard? Burt deve devolver a arma? Suponha que você pense "Não. Nesse caso, não". Sendo assim, sua próxima manobra filosófica talvez consista em procurar um princípio geral que determine quando promessas devam ser cumpridas. Talvez você ache que a regra correta é esta: "Cumpra suas promessas, a não ser que cumpri-las vá prejudicar alguém". (O que também não está totalmente correto, uma vez que cumprir a promessa de fidelidade a seu cônjuge pode prejudicar seu amante.)

Em seguida, pergunte a si mesmo: "Por que devemos obedecer a esta ou a qualquer outra regra da ética que nos proponham?". Algumas pessoas acham que devemos obedecer às regras éticas porque Deus mandou. Mas, mesmo que você acredite que Deus existe, isso não está correto, uma vez que (como Sócrates diria) cumprir suas promessas não é certo porque Deus mandou, mas, ao contrário, Deus mandou porque é certo. Então, por que é certo? Se você explorar o que os filósofos falaram sobre essa questão nos últimos 2.500 anos, descobrirá que há muita divergência entre eles.

Algumas pessoas concluem que pensar sobre essas questões é perda de tempo, porque nunca se chegará a um consenso acerca das respostas. Mas outras se deleitam com o processo de questionar, arriscar respostas, questionar mais e assim por diante. Mesmo que não solucionemos várias questões, esse processo nos coloca mais próximos da compreensão de nós mesmos.

Pense bem
Se você já está pensando por que este livro existe, então já começou a trilhar o caminho para se tornar um filósofo.

LINGUAGEM E LÓGICA

LINGUAGEM E LÓGICA
GLOSSÁRIO

argumento Uma reunião de premissas que serve para apoiar uma conclusão. Por exemplo: "(1) Todos os homens são mortais; (2) Sócrates é um homem; (3) Portanto, Sócrates é mortal".

conclusão A afirmação que um argumento tenta provar. No argumento "(1) Todos os homens são mortais; (2) Sócrates é um homem; (3) Portanto, Sócrates é mortal", (3) é a conclusão.

dedução Uma inferência que parte de uma afirmação geral para chegar a uma conclusão particular. Por exemplo: todas as lesmas comem alface; esta coisa é uma lesma; logo, esta coisa come alface.

descrição definida Uma expressão que seleciona uma pessoa, lugar ou coisa, por exemplo: "O último sobrevivente".

forma lógica De acordo com alguns filósofos, ela é revelada por meio da análise da estrutura lógica oculta que subjaz à sintaxe superficial das proposições. Bertrand Russell, por exemplo, argumentava que é possível evitar certos problemas associados à referência a algo não existente se desvelarmos a forma lógica oculta de certas expressões suspeitas.

indução Uma inferência que parte de muitas afirmações particulares para obter uma afirmação geral ou outras afirmações particulares. Por exemplo: esta lesma come alface; esta outra lesma come alface; esta aqui também etc.; logo, todas as lesmas comem alface.

inferência Um movimento mental que conduz de premissas a uma conclusão. Às vezes também é usada como sinônimo de "argumento".

lógica O estudo da inferência. A própria lógica tem vários ramos e manifestações, que vão da lógica informal (que examina a estrutura da argumentação nas línguas naturais) e da lógica formal (o estudo da estrutura formal da inferência, puramente abstrata) ao estudo de coisas como raciocínio matemático, modalidade, falácias, ciência da computação, probabilidade e muito mais.

paradoxo Isso envolve uma espécie de tensão entre duas afirmações que parecem obviamente verdadeiras. Muitas vezes, o problema aparece quando afirmações conflitantes parecem decorrer logicamente de alguma outra coisa que tomamos como verdadeira.

predicado A parte da proposição que atribui algo ao sujeito – aquilo que é afirmado ou declarado sobre o sujeito. Por exemplo, na proposição "Sócrates está bêbado", "bêbado" é o predicado.

premissa Uma afirmação apresentada para apoiar uma conclusão. No argumento "(1) Todos os homens são mortais; (2) Sócrates é um homem; (3) Portanto, Sócrates é mortal", (1) e (2) são as premissas.

referência O objeto a que uma expressão se refere, de acordo com alguns filósofos da linguagem e lógicos. Por exemplo, a referência de "Mark Twain" é a pessoa real Mark Twain.

sentido O significado cognitivo de uma expressão, ou a maneira como algo é expresso, de acordo com alguns filósofos da linguagem e lógicos. Por exemplo, as expressões "Mark Twain" e "Samuel Clemens" (este, o nome verdadeiro do escritor) referem-se a uma mesma coisa, exatamente uma pessoa. A diferença entre as expressões, desse modo, tem a ver com seus sentidos diferentes.

sujeito A parte da proposição acerca da qual algo é atribuído. Por exemplo, na proposição "Sócrates está bêbado", "Sócrates" é o sujeito.

validade A forma como as premissas e as conclusões estão logicamente conectadas em argumentos bem-sucedidos. Se as premissas são verdadeiras e o argumento é válido, então a conclusão tem que ser verdadeira.

OS SILOGISMOS DE ARISTÓTELES

Mais de 2.300 anos atrás, Aristóteles notou que, em certas inferências, é impossível que suas premissas sejam verdadeiras e suas conclusões falsas. Um exemplo é a inferência de "Todos os homens são mortais" e "Todos os mortais temem a morte" a "Todos os homens temem a morte". Na lógica moderna, essas inferências recebem o nome de "dedutivamente válidas". Aristóteles descobriu que a validade de uma inferência não depende do assunto de que ela trata, mas apenas da forma das premissas e da conclusão. Todas as inferências da forma "Todos os F são G, e todos os G são H, logo, todos os F são H" são válidas. Ele descreveu um conjunto de tais formas, que são chamadas de "silogismos". Até o século XIX, o tema da lógica consistia basicamente nos silogismos aristotélicos. Mas os silogismos são apenas um pequeno recorte do conjunto de todas as inferências válidas, e não incluem muitos dos padrões válidos de inferência que são empregados na ciência e na matemática. Em 1879, Gottlob Frege elaborou uma caracterização muito mais geral das inferências válidas, e ela é suficiente para representar tanto o raciocínio matemático quanto o científico. Um descendente do sistema de Frege, chamado "lógica de primeira ordem com identidade", é hoje considerado pela maioria dos estudiosos como capaz de representar teorias e provas matemáticas, sendo assim ensinado a todos os estudantes de filosofia.

REFLEXÃO
Uma inferência (ou argumento) é válida quando é impossível que suas premissas sejam verdadeiras e sua conclusão, falsa.

PENSAMENTO
No século XX, dois importantes resultados matemáticos foram provados acerca da lógica de primeira ordem: ela é completa e é indecidível. Kurt Gödel demonstrou que é possível programar um computador de forma que ele liste todas as inferências válidas (completude), e Alonzo Church demonstrou que é impossível programar um computador para que ele determine se toda inferência é válida ou não (indecidibilidade).

TEMAS RELACIONADOS
O PARADOXO DE RUSSELL E O LOGICISMO DE FREGE
p. 18

DADOS BIOGRÁFICOS
ARISTÓTELES
384-322 a.C.

GOTTLOB FREGE
1848-1925

KURT GÖDEL
1906-1978

ALONZO CHURCH
1903-1995

CITAÇÃO
Barry Loewer

Para Aristóteles, era nada mais que lógico – nós somos pessoas, vamos morrer e portanto temos medo. Muito obrigado, Aristóteles!

O PARADOXO DE RUSSELL E O LOGICISMO DE FREGE

Bertrand Russell imaginou um paradoxo profundo e desconcertante enquanto lia sobre o sistema de lógica de Gottlob Frege. Frege achava que podia definir todos os conceitos matemáticos e provar todas as verdades matemáticas partindo unicamente dos princípios da lógica. A posição que sustenta que a matemática pode ser reduzida à lógica dessa forma é chamada de logicismo. Se Frege tivesse demonstrado a verdade do logicismo, isso teria sido uma das maiores conquistas na história da filosofia. Mas sua versão do logicismo não teve sucesso. Um dos princípios lógicos usados para provar a existência de números, funções e outros objetos matemáticos é este: para todo predicado, "é F (P)", existe uma coleção de coisas que são F. Dois exemplos disso: "é um número primo" determina a coleção de números {2, 3, 5, 7, 11...} e "é uma coleção" determina a coleção de todas as coleções. Em 1903, Russell mostrou o caráter autocontraditório de (P) com o seguinte argumento. Tome o predicado "não é membro de si mesmo". Com (P), está dada uma coleção – chamemo-la de R – de coleções que não são membros de si mesmas. E quanto a R, ela é membro de si mesma? Se ela é, então não é; se não é, então ela é. Uma contradição! Isso foi um golpe devastador contra Frege e o logicismo.

REFLEXÃO
A coleção de todas as coleções que não são membros de si mesmas é simultaneamente membro de si mesma e não é membro de si mesma.

PENSAMENTO
Eis um paradoxo que envolve um raciocínio similar ao paradoxo de Russell: "Existe um barbeiro que faz a barba de todos aqueles e apenas daqueles que não fazem suas próprias barbas". Se o barbeiro faz sua própria barba, então ele não faz sua própria barba, e se ele não a faz, então ele a faz. Esse paradoxo é facilmente resolvido, bastando simplesmente aceitar que não pode existir um barbeiro como esse. Frege não aceitava uma saída análoga para as coleções, uma vez que ele usava seu princípio para provar a existência de coleções exigidas pela matemática.

TEMA RELACIONADO
OS SILOGISMOS DE ARISTÓTELES
p. 16

DADOS BIOGRÁFICOS
BERTRAND RUSSELL
1872-1970

CITAÇÃO
Barry Loewer

Quantas barbas faz aquele que barbeia os que fazem suas barbas? Sejam lá quantas forem, alguém aí pensou em deixar a barba crescer?

384 a.C.
Nasce em Estagira, na Macedônia

367 a.C.
Muda-se para Atenas e ingressa na Academia de Platão

347 a.C.
Deixa Atenas, primeiramente para Assos, na Ásia Menor, e então para Lesbos, à época na Macedônia, onde será professor do futuro Alexandre, o Grande

334 a.C.
Volta a Atenas e funda o Liceu

323 a.C.
É forçado a deixar Atenas e ir para Cálcis, na Eubeia

322 a.C.
Falece

ARISTÓTELES

É difícil exagerar a importância de Aristóteles para a história da filosofia. Além de formalizar as regras da dedução, ele foi autor de trabalhos inovadores nos campos da ética, política, metafísica, biologia, física, psicologia, estética, poesia, retórica, cosmologia, matemática e filosofia da mente.

Aristóteles nasceu em 384 a.C., na cidade macedônia de Estagira, hoje parte do norte da Grécia. Ele era filho de Nicômaco, um médico da corte do rei da Macedônia que em 367 a.C. o enviou a Atenas, onde ele ingressou na Academia de Platão, ali permanecendo por vinte anos, primeiro como estudante, depois como professor. Após a morte de Platão, Aristóteles deixou Atenas e acabou voltando à Macedônia, onde foi tutor do futuro Alexandre, o Grande. Depois disso, retornou a Atenas e fundou sua própria escola, o Liceu, ou Escola Peripatética (que recebeu esse nome provavelmente porque ele dava suas aulas enquanto caminhava pelos passeios cobertos do Liceu). Aristóteles permaneceu em Atenas até se envolver em problemas em 323 a.C., quando um sentimento antimacedônio tomou conta da cidade e ele foi acusado de "impiedade". Firme em sua posição de que não permitiria aos atenienses "pecar duas vezes contra a filosofia", ele deixou Atenas em direção à cidade de Cálcis, onde morreu no ano seguinte devido a uma doença do trato digestivo.

Infelizmente, nós sabemos menos sobre as circunstâncias nas quais Aristóteles produziu suas grandes obras do que sobre sua vida. É provável que a maioria dos tratados que atribuímos a ele não seja de obras para publicação, e sim o resultado de um trabalho de compilação e edição a partir de notas de aulas, realizado por seus sucessores. Isso explica, em parte, por que é tão difícil lê-los – eles estão repletos de linguagem técnica, discussões detalhadas, inconsistências e lacunas. Não obstante isso, sua obra permanece uma das realizações mais brilhantes do mundo clássico, e provavelmente não existam outras que tiveram a mesma importância para o desenvolvimento da filosofia como uma disciplina.

A TEORIA DAS DESCRIÇÕES DE RUSSELL

Bertrand Russell afirmava que a referência de uma expressão é seu significado. Em um primeiro momento, ele achava que o significado de uma descrição definida, por exemplo, "o atual rei da França", era algum objeto particular, nesse caso um rei particular. Mas àquela época a França não tinha um rei, de modo que Russell achava que o rei devia existir de alguma forma, mesmo que não pudesse ser encontrado em nosso mundo. Não demorou muito para que Russell viesse a pensar que isso era ontologia demais para sua cabeça e propusesse sua teoria das descrições para evitar essa consequência, embora sem abrir mão da ideia de que a referência é o significado. Sua ideia era a de que, embora "o atual rei da França" não tenha significado por si mesma, qualquer sentença em que essa locução ocorra pode ser traduzida em uma sentença na qual a locução já não ocorre. "O atual rei da França é calvo" é traduzida em "Existe um e apenas um atual rei da França, e ele é calvo". Se isso está correto, então a sentença original, com a descrição definida, é falsa. Russell dizia que a segunda sentença revelava a forma lógica da primeira. Uma vez que a locução "o atual rei da França" não ocorre nessa sentença, não é necessário que exista um rei particular para que a sentença tenha um significado.

REFLEXÃO
A forma lógica da afirmação: "O atual rei da França é calvo" é dada por "Existe um e apenas um atual rei da França, e ele é calvo".

PENSAMENTO
Na base da teoria de Russell está a ideia de que uma sentença tem uma "forma lógica" que permite compreender facilmente seu significado e sua lógica. Essa ideia exerceu uma grande influência sobre filósofos e linguistas subsequentes, entre eles Ludwig Wittgenstein e Noam Chomsky.

TEMAS RELACIONADOS
O QUEBRA-CABEÇA DE FREGE
p. 24
WITTGENSTEIN E A TEORIA FIGURATIVA DA LINGUAGEM
p. 138

DADOS BIOGRÁFICOS
BERTRAND RUSSELL
1872-1970
LUDWIG WITTGENSTEIN
1889-1951
NOAM CHOMSKY
1928-

CITAÇÃO
Barry Loewer

Seja lá o que Bertrand Russell diga, esse definitivamente não é o atual rei da França. Ele apenas usa a coroa para cobrir sua calvície.

O QUEBRA-CABEÇA DE FREGE

Em seus primeiros escritos sobre a linguagem, o grande lógico Gottlob Frege sustentava que o significado de um nome é sua referência. Por exemplo, o significado do nome "Mont Blanc" é a própria montanha. Mas, em trabalhos posteriores, Frege alegou que dois nomes podem ter a mesma referência, embora com significados diferentes. Para ele, se o significado de um nome é apenas sua referência, e dois nomes têm a mesma referência, então não deve fazer diferença para o significado de uma sentença qual nome ocorra nela. Uma vez que "Héspero" e "Fósforo" são, ambos, nomes do planeta Vênus, (1) "Héspero é Fósforo" e (2) "Héspero é Héspero" devem ter o mesmo significado. Mas Frege observou que essas sentenças têm, sim, significados diferentes, dado que (1) expressa uma descoberta astronômica importante, ao passo que (2) é uma trivialidade. A explicação da diferença entre os significados é o quebra-cabeça de Frege. A solução fregiana é a de que o significado de um nome não é apenas sua referência, mas também seu sentido. O sentido de um nome é uma condição que seleciona o indivíduo (se ele existe) que satisfaz essa condição como a referência do nome. Frege diz que "Héspero" e "Fósforo" têm sentidos diferentes que selecionam uma mesma referência. Isso, ele nos diz, é o que explica como (1) pode ser informativa, enquanto (2) é uma trivialidade. Boa parte da filosofia da linguagem do século XX envolve uma discussão da noção de sentido de Frege.

REFLEXÃO
Se "Héspero" e "Fósforo" são apenas nomes diferentes para a mesma coisa – o planeta Vênus –, como é possível que "Héspero é Fósforo" e "Héspero é Héspero" tenham significados diferentes?

PENSAMENTO
Muitos filósofos acham que a noção de sentido é obscura. Saul Kripke argumentou que nomes próprios simplesmente não têm sentidos. Segundo ele, a referência de um nome próprio não é determinada por um sentido, mas por uma cadeia de usos do nome que começa com um ato de nomeação. Por exemplo, você pode usar o nome "Tales" para se referir a determinado filósofo pré-socrático, mesmo que você não saiba nada sobre ele, com a condição de que você tenha obtido esse nome de alguém que o usava para se referir a Tales.

TEMAS RELACIONADOS
O PARADOXO DE RUSSELL E O LOGICISMO DE FREGE
p. 18

A TEORIA DAS DESCRIÇÕES DE RUSSELL
p. 22

DADOS BIOGRÁFICOS
GOTTLOB FREGE
1848-1925

CITAÇÃO
Barry Loewer

Você diz Fósforo, eu digo Héspero. Vamos encerrar toda essa celeuma – e simplesmente chamá-lo de Vênus.

O TEOREMA DE GÖDEL

O teorema de Gödel é o resultado

mais profundo da lógica matemática. Considera-se que ele tem consequências filosóficas importantes para os limites do conhecimento e a natureza da mente. No sistema da lógica moderna, é possível expressar afirmações aritméticas – por exemplo, "Para um par qualquer de números n e m, n + m = m + n". Também é possível formular axiomas (chamados "axiomas de Peano") a partir dos quais se podem provar muitas verdades matemáticas. E então surgiu a questão sobre se é possível provar todas as verdades aritméticas a partir desses axiomas, sem com isso provar nenhuma afirmação falsa. Kurt Gödel respondeu negativamente a essa questão. Em primeiro lugar, ele descobriu uma codificação que confere às afirmações aritméticas uma nova interpretação segundo a qual elas falam sobre si mesmas e sobre o que pode ser provado a partir de diversos axiomas. Em seguida, encontrou uma afirmação aritmética (K) que diz, nessa codificação, "(K) não pode ser provada". Seu raciocínio foi o de que, se (K) pode ser provada, então os axiomas provam uma afirmação falsa. Mas, se (K) não pode ser provada, então ela é verdadeira, e assim há uma verdade que não é provada pelos axiomas. Não apenas há verdades aritméticas que não podem ser provadas a partir dos axiomas de Peano, mas também quaisquer axiomas verdadeiros excluirão algumas verdades porque não serão capazes de prová-las. Isso é conhecido como "teorema da incompletude de Gödel". Ele parece estabelecer um limite àquilo que os matemáticos podem conhecer.

REFLEXÃO
Para qualquer teoria matemática, existem afirmações verdadeiras que não podem ser provadas no interior dessa teoria.

PENSAMENTO
Alguns filósofos e o físico Roger Penrose alegaram que o teorema de Gödel mostra que nossas mentes não funcionam como computadores. Obedecer a um programa é análogo a provar um teorema. Gödel mostrou que, para qualquer sistema axiomático, a afirmação de que o sistema é consistente não pode ser provada pelo próprio sistema. Desse modo, se nossas mentes operassem como um computador obedecendo a um programa, nós não poderíamos reconhecer que estamos sendo consistentes. Mas parece que somos capazes de reconhecer nossa própria consistência, por conseguinte nossas mentes não funcionam como computadores.

TEMA RELACIONADO
EPIMÊNIDES E O PARADOXO DO MENTIROSO
p. 28

DADOS BIOGRÁFICOS
KURT GÖDEL
1906-1978

ROGER PENROSE
1931-

CITAÇÃO
Barry Loewer

Mesmo substituindo seu cérebro por um computador, Kurt foi incapaz de determinar essas verdades incognoscíveis.

EPIMÊNIDES E O PARADOXO DO MENTIROSO

Epimênides foi um filósofo

cretense do século VI a.C. ao qual se atribui o dito "Todos os cretenses são mentirosos". Se sua declaração é verdadeira, ele está mentindo e o que ele disse é falso. Essa é uma versão antiga do que veio a ser conhecido como "o paradoxo do mentiroso". Uma versão contemporânea está baseada em "1. A sentença 1 não é verdadeira". Se a sentença 1 é verdadeira, então ela não é verdadeira, e se ela não é verdadeira, então é verdadeira. O paradoxo surge porque parece fazer parte do significado de "é verdadeira" o fato de que, sendo S uma sentença qualquer, é possível inferir de forma válida, a partir de S, que "S" é verdadeira, e também inferir de forma válida, a partir de "S", que S é verdadeira. A partir de 1, podemos inferir tanto que S é verdadeira quanto que S não é verdadeira. Um paradoxo! A resposta mais famosa ao paradoxo do mentiroso veio com o lógico Alfred Tarski, que distinguiu uma linguagem (L) de uma metalinguagem (ML), na qual é possível referir-se às sentenças de L. Torna-se possível definir "é verdadeira em L" em ML, sem nenhum paradoxo.

REFLEXÃO
Esta sentença é falsa.

PENSAMENTO
O conceito de verdade é importante demais para a filosofia e o pensamento científico para ser negligenciado, de modo que houve várias tentativas de resolução do paradoxo do mentiroso. A ideia de Tarski abre mão de um conceito único de verdade, aplicável a todas as linguagens. A reação de outros filósofos foi restringir as inferências de S a "S" é verdadeira, e alguns até mesmo desenvolveram lógicas em que certas contradições são aceitáveis.

TEMA RELACIONADO
O TEOREMA DE GÖDEL
p. 26

DADOS BIOGRÁFICOS
EPIMÊNIDES
século VI a.C.

ALFRED TARSKI
1901-1983

CITAÇÃO
Barry Loewer

Qual de vocês disse que "A verdade raramente é pura e nunca é simples"? Seja quem for, você é um mentiroso.

EUBULIDES E O PARADOXO DO MONTE

Pesando 100 kg, Harry é um homem

gordo. Ele não deixará de ser gordo se seu peso cair para 99,999 kg. Isso significa que qualquer homem que pese o mesmo que Harry deve também ser gordo: uma fração de um grama nunca pode ser a diferença entre ser gordo ou magro. Mas, se isso é verdade, então alguém que pese 99,998 kg também é gordo, assim como o é alguém que pese 99,997 kg, e assim por diante. Você também estará afirmando que uma fração de um grama não pode ser a diferença entre gordo e magro quando estiver comparando uma pessoa que pese 40 kg a uma que pese 39,999 kg. Mas isso é absurdo: alguém que pese 40 kg nunca poderia ser descrito como gordo. Estamos, assim, diante de um paradoxo: uma série de passos aparentemente irrepreensível do ponto de vista lógico nos leva a uma conclusão que é manifestamente falsa. Nesse caso, porém, não há nenhuma falha evidente nem na lógica nem na observação. Essa é uma versão do paradoxo do monte de Eubulides, no qual um argumento similar mostrava que um monte continuaria a ser um monte mesmo quando ele contivesse apenas um grão de areia, desde que os grãos fossem removidos um a um.

REFLEXÃO
Eis por que você nunca pode formar uma montanha a partir de um montinho.

PENSAMENTO
O que esse paradoxo pode mostrar? Que conceitos como gordo e magro são vagos, de modo que é um equívoco tratá-los como se houvesse questões factuais às quais eles se aplicam de forma definitiva? Ou, de forma contraintuitiva, que existe uma fronteira estável entre gordo e magro, entre um monte e uma pequena pilha, e que, se você a atravessa por um grão ou 1 grama, a descrição correta se altera?

DADOS BIOGRÁFICOS
EUBULIDES
século IV a.C.

CITAÇÃO
Julian Baggini

A jornada que leva um homem magro a se tornar um homem gordo, e depois magro de novo, começa com um único grama.

CIÊNCIA E EPISTEMOLOGIA

CIÊNCIA E EPISTEMOLOGIA
GLOSSÁRIO

argumento circular Consiste em premissas apresentadas para apoiar uma conclusão, sendo que a conclusão é justamente uma das premissas. Eis um exemplo famoso: tudo que percebo clara e distintamente é verdadeiro, eu sei disso porque Deus me criou e Ele não é enganador, algo que sei por percebê-lo clara e distintamente, e tudo que percebo clara e distintamente é verdadeiro.

casos de Gettier Contraexemplos à visão tradicional do conhecimento como uma crença verdadeira e justificada. Trata-se de histórias nas quais alguém tem uma crença verdadeira e justificada que, talvez por ter sido obtida por sorte, não conta como conhecimento. Recebem esse nome em homenagem à pessoa que os formulou pela primeira vez, Edmund Gettier.

ceticismo A posição segundo a qual não é possível obter conhecimento em alguns domínios, talvez porque a justificação de nossas pretensões de conhecimento não é possível. O ceticismo pode ser local e incidir sobre parte do conhecimento que alegamos possuir (por exemplo, ceticismo acerca de afirmações sobre milagres), ou radical e incidir sobre todo o conhecimento que alegamos possuir.

dedução Uma inferência que parte de uma afirmação geral para chegar a uma conclusão particular. Por exemplo: todas as lesmas comem alface; esta coisa é uma lesma; logo, esta coisa come alface.

dualismo Uma posição metafísica que sustenta que o Universo é composto, em última instância, de apenas dois tipos de substância: material e mental.

epistemologia Um ramo da filosofia que se ocupa do estudo do conhecimento humano – sua natureza, suas fontes e suas limitações.

experimento mental Um caso imaginado criado para pressionar nossas intuições e talvez esclarecer o modo como pensamos em algo. Para os filósofos, os experimentos mentais são como balões de ensaio que separam uma parte do mundo mental de todo o resto, para que possamos vê-la com clareza.

indução Uma inferência que parte de muitas afirmações particulares para obter uma afirmação geral ou outras afirmações particulares. Por exemplo: esta lesma come alface; esta outra lesma come alface; esta aqui também etc.; logo, todas as lesmas comem alface. Há, porém, um problema com a indução, tornado famoso por David Hume, e um novo enigma da indução, criado por Nelson Goodman.

inferência Um movimento mental que conduz de premissas a uma conclusão. Às vezes também é usada como sinônimo de "argumento".

justificação Evidências ou razões que são apresentadas para apoiar a verdade de uma crença ou afirmação.

mundo exterior O mundo dos objetos como eles existem, independentemente do modo como os experienciamos, em oposição ao nosso mundo interior de pensamentos, percepções, sentimentos e afins.

paradigma Uma reunião de crenças e concordâncias entre cientistas (em parte implícitas) que orienta seu trabalho de pesquisa, identifica problemas e lhes diz o que conta como uma solução, um bom experimento e muito mais.

regra indutiva Um princípio que legitima a passagem de muitas afirmações particulares a uma conclusão geral, normalmente considerada como a base das inferências indutivas. Há vários candidatos: o de que o Universo é uniforme, o de que o futuro será igual ao passado, o de que todas as coisas acontecem regularmente em todos os lugares etc.

relativismo Uma reunião de posições afirmando que um tipo de coisa (por exemplo, a moralidade) depende de outra coisa (por exemplo, valores culturais) que está sujeita a variações. Uma vez que não existe um conjunto privilegiado de padrões (todos os valores culturais estão no mesmo plano), não há nada que justifique a escolha entre diversas explicações de um mesmo tipo de coisa (portanto, a moralidade é relativa).

verdade De acordo com a mais antiga concepção da verdade – que ficou famosa com Aristóteles –, falar a verdade é dizer do que é que ele é e dizer do que não é que ele não é.

PENSO, LOGO EXISTO

René Descartes, talvez o primeiro grande filósofo moderno, descobriu que boa parte daquilo que seus professores jesuítas lhe ensinaram era duvidosa. O fato de que "não há no mundo um aprendizado tal como eu fora levado a esperar" o perturbou tanto que ele propôs a si mesmo a tarefa de encontrar os fundamentos sobre os quais pudesse ser construído um conhecimento genuíno e indubitável. Em *Meditações sobre filosofia primeira*, Descartes empregou uma técnica de dúvida radical, com o objetivo de identificar ao menos uma crença da qual ele não fosse capaz de duvidar. Seu método consistia em examinar cada uma de suas crenças e então abandonar qualquer uma delas de que pudesse duvidar. Dessa forma, ele mostrou que é bem fácil duvidar de todas as nossas experiências sensíveis – pode ser que estejamos sonhando e não tenhamos consciência disso; e o mais desconcertante é a possibilidade de que tenhamos sido enganados sobre absolutamente tudo, inclusive sobre as verdades mais simples da matemática, por um gênio maligno. Felizmente, essa técnica também estabelece que, pelo próprio ato de duvidar, nós mostramos que deve existir um "eu" que está duvidando. Na fórmula de Descartes, *Cogito ergo sum* ("Penso, logo existo").

REFLEXÃO
Você pode duvidar que existam outras mentes, que seres humanos tenham corpos, até mesmo que filósofos sejam espertos – mas nunca pode duvidar de que haja um "eu" que duvida.

PENSAMENTO
O problema com o método de dúvida de Descartes é que a única verdade indubitável, "eu existo", não basta para resgatar o conhecimento do mundo e da matemática. Descartes lançou mão de Deus para realizar esse truque: ele primeiro prova que Deus existe e não é enganador. Se Deus não é enganador, então nós não somos sistematicamente enganados a respeito das coisas que percebemos clara e distintamente e que sobrevivem ao escrutínio racional. A partir daqui, é razoavelmente fácil resgatar algumas de nossas crenças sobre o mundo.

TEMA RELACIONADO
CÉREBRO EM UMA CUBA
p. 42

DADOS BIOGRÁFICOS
RENÉ DESCARTES
1596-1650

CITAÇÃO
Jeremy Stangroom

René tinha certeza de que existia – mas ele não tinha certeza sobre esses outros dois.

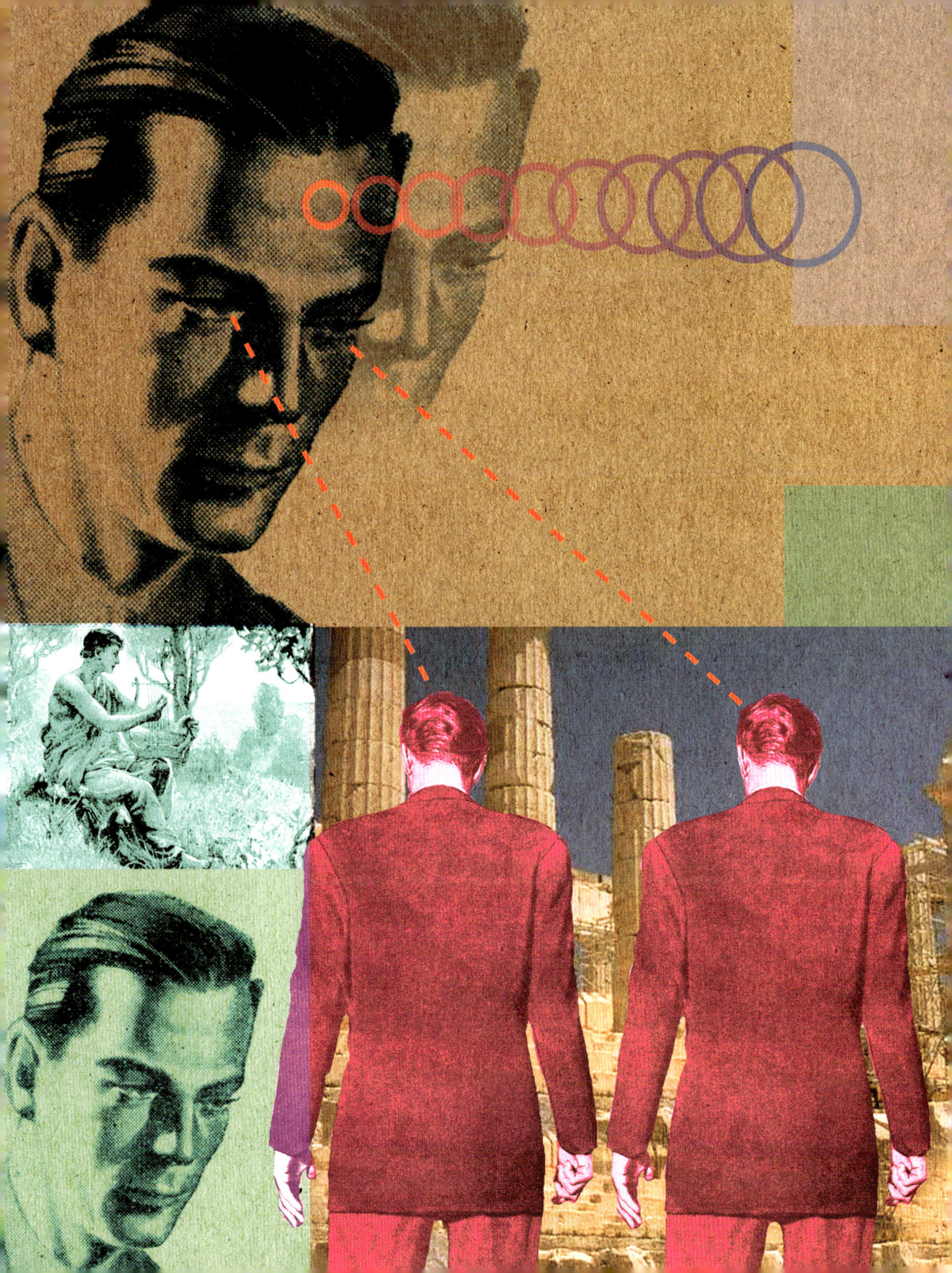

OS CONTRAEXEMPLOS DE GETTIER

O que é conhecimento? Desde Platão, muitos filósofos pensaram que ele é um tipo de crença verdadeira e justificada. Essa chamada "explicação tripartite" diz que o conhecimento tem três condições: (1) para conhecer algo, você deve acreditar nisso, (2) ele deve ser verdadeiro e (3) sua crença de que ele é verdadeiro deve ser justificada. E então veio Edmund Gettier, com a seguinte argumentação: suponha que Smith se candidate a um emprego e tenha uma crença justificada de que Jones será o escolhido. Smith também crê, de forma justificada, que Jones tem dez moedas em seu bolso. Logo, Smith aplica um pouco de lógica básica e conclui, justificadamente, que a pessoa que conseguir o emprego terá dez moedas no bolso. Então, Smith consegue o emprego e, embora ele não tivesse percebido isso, também tem dez moedas no bolso. Isso significa que Smith realmente teve uma crença verdadeira e justificada de que a pessoa que conseguisse o emprego teria dez moedas no bolso. Mas é claro que ele não sabia disso. Ele não sabia que tinha dez moedas no bolso nem mesmo acreditava que conseguiria o emprego. Ele tinha uma crença verdadeira e justificada, mas isso era apenas sorte, e não conhecimento. Há um grande número de contraexemplos parecidos que contestam a explicação tripartite, e eles são conhecidos como "casos de Gettier".

REFLEXÃO
Eis por que você pode ter uma crença justificada na coisa certa, mas não sabê-la verdadeiramente.

PENSAMENTO
Filósofos posteriores reagiram a Gettier argumentando que as coisas a respeito das quais alguém tem crenças e a própria crença devem estar conectadas da maneira correta para que esta possa contar como conhecimento. Mas tem sido difícil especificar qual é essa maneira correta. O vínculo deve ser confiável, inalterável ou talvez causal? Alguns filósofos acham que devemos abrir mão da ideia de que existem critérios precisos para conceitos como o de conhecimento.

DADOS BIOGRÁFICOS
EDMUND GETTIER
1927-

CITAÇÃO
Julian Baggini

A única coisa que Smith realmente sabia era que ele deu sorte de conseguir o emprego – ele já não tinha muito dinheiro no bolso.

1 2 3 4 5 6 7 8 9 10

1902
Nasce em Viena, na Áustria-Hungria

1935
É publicada a *Logik der Forschung*

1937
Foge da Áustria em direção à Nova Zelândia e assume um cargo na Canterbury University College

1945
É publicada *A sociedade aberta e seus inimigos*

1949
Torna-se professor de lógica e metodologia científica na London School of Economics

1957
É publicada *A pobreza do historicismo*

1959
A *Logik der Forschung* finalmente aparece em uma tradução para o inglês como *The Logic of Scientific Discovery*

1969
Aposenta-se das atividades letivas em tempo integral

1994
Morre em Londres

KARL POPPER

Embora Karl Popper talvez seja mais lembrado por seu "falsificacionismo", uma ideia que moldou a filosofia da ciência na segunda metade do século XX, ele se interessava por um vasto campo de temas. Produziu trabalhos importantes em áreas que vão da filosofia política à filosofia da mente. No final da vida, sua obra completa formou um volume suficiente para preencher 450 caixas de papelão no Arquivo Popper, no Hoover Institution da Universidade de Stanford, Califórnia.

Popper nasceu em Viena em 1902, o filho mais novo de um casal de classe média de ascendência judaica. Ele foi criado como luterano e recebeu sua educação na Universidade de Viena, onde estudou filosofia, matemática, psicologia e física. Na juventude, embora se sentisse atraído pelo marxismo e tenha integrado a Associação de Estudantes Socialistas, não demorou muito para que se cansasse da rigidez do materialismo histórico e adotasse em seu lugar o liberalismo social que lhe marcou o restante da vida.

Sua primeira grande obra, *A lógica da pesquisa científica*, foi publicada em 1935 (mas só ganhou tradução para o inglês em 1959). Foi nesse livro que ele forneceu o esboço de suas ideias sobre a falsificação que tanto influenciaram seus defensores, assim como seus críticos. Em um notável período de dez anos, seguiram-se *A pobreza do historicismo*, uma crítica à ideia de que a história é governada pela operação de leis, e *A sociedade aberta e seus inimigos*, uma defesa em dois volumes dos princípios do liberalismo social frente à ameaça do autoritarismo e do totalitarismo.

Não há dúvida de que as ideias políticas de Karl Popper foram influenciadas por sua experiência pessoal. Em 1937, receoso da ascensão do nazismo, ele deixou a Áustria, onde estava trabalhando como professor em uma escola, e assumiu a posição de palestrante em filosofia na Canterbury University College, na Nova Zelândia. Depois do fim da Segunda Guerra Mundial, juntou-se ao corpo docente da London School of Economics, tornando-se professor de lógica e metodologia científica em 1949. Permaneceu ali até sua aposentadoria das atividades letivas em tempo integral, em 1969. Karl Popper faleceu em 1994, garantindo uma longa reputação como um dos mais importantes filósofos do século XX.

CÉREBRO EM UMA CUBA

O experimento mental do

"cérebro em uma cuba", uma versão do qual serve de premissa para os filmes da trilogia *Matrix*, tende a ser empregado para nos dizer algo sobre o conhecimento que possuímos do mundo. Ele nos pede para imaginarmos que um cérebro foi separado do corpo de uma pessoa, colocado em uma cuba repleta de um fluido e então conectado a um dispositivo que reproduz integralmente os impulsos elétricos que normalmente provêm do mundo externo. A ideia é a de que isso produzirá a experiência de uma realidade virtual que é indiscernível do mundo real. Coloca-se, assim, o problema do ceticismo radical. Sendo mais específico, parece possível que nós estejamos vivendo em um mundo virtual, mas não saibamos disso. O que, por sua vez, significaria que todas as nossas crenças sobre o mundo – por exemplo, a de que estou neste momento digitando este texto em um programa de computador – são falsas. Se aceitarmos que isso é possível, tudo indica que também devemos admitir que somos incapazes de saber se o que consideramos verdadeiro sobre o mundo é, de fato, verdadeiro. Em outras palavras, se é possível que algo parecido com a situação retratada em *Matrix* seja verdadeiro, nós temos que aceitar que não existe um fundamento seguro para nosso conhecimento do mundo.

REFLEXÃO
Você acha que está segurando este livro e lendo esta sentença, mas na verdade você é um cérebro em uma cuba, alimentado por impulsos elétricos produzidos por um supercomputador localizado em Boston.

PENSAMENTO
O filósofo Hilary Putnam rejeita as implicações céticas do experimento mental do cérebro em uma cuba. Em grandes linhas, ele argumenta que as palavras que uma pessoa usa no interior de um mundo virtual se referem a elementos constituintes desse mundo, e não a coisas em um suposto mundo externo. Desse modo, o fato de eu estar ou não sentado sob uma árvore, por exemplo, depende do estado de coisas que existe no mundo particular que eu habito (virtual ou de outro gênero).

TEMA RELACIONADO
PENSO, LOGO EXISTO
p. 36

DADOS BIOGRÁFICOS
HILARY PUTNAM
1926-

CITAÇÃO
Jeremy Stangroom

Você tem alguma dúvida de que seja mais que um cérebro em uma cuba? Você tem certeza? Talvez seja você nesta foto.

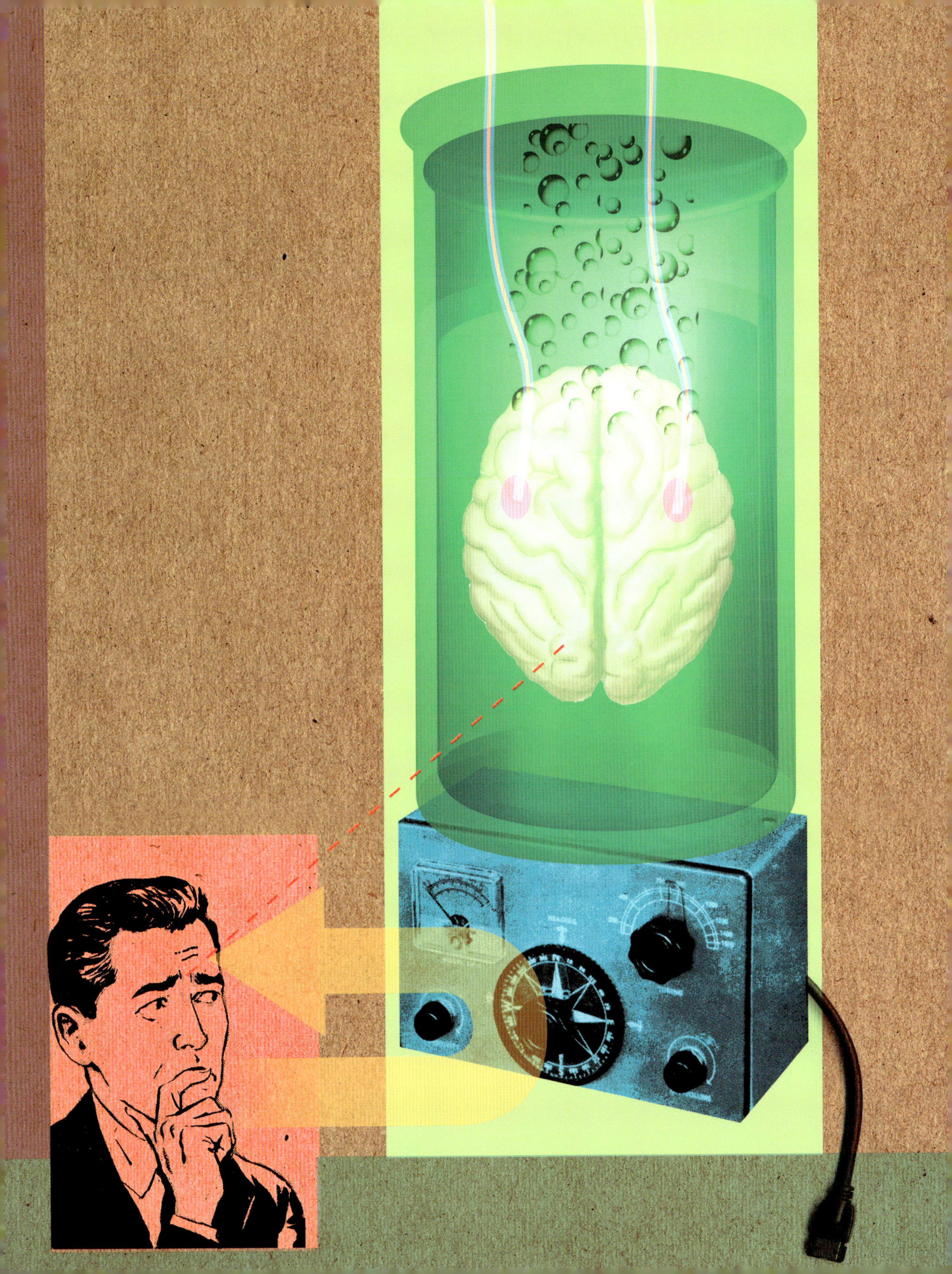

HUME E O PROBLEMA DA INDUÇÃO

David Hume refletiu sobre o fato de

que com frequência partimos do que foi observado no passado para determinar o que será observado no futuro. Por exemplo, a partir do fato de que todas as esmeraldas encontradas até hoje são verdes, podemos inferir que todas as que encontrarmos no futuro também serão verdes. Esse raciocínio é chamado de "inferência indutiva". Hume formulou esta regra de indução: infira que as regularidades cuja ocorrência foi observada no passado continuarão a ocorrer no futuro. Em seguida, ele observou que as inferências indutivas que seguem essa regra não são válidas do ponto de vista dedutivo. É logicamente possível que "todas as esmeraldas já encontradas são verdes" seja verdadeiro, embora "todas as esmeraldas são verdes" seja falso. Então Hume perguntou: "Se as inferências indutivas não são válidas, por que deveríamos pensar que são confiáveis para nos conduzir a verdades?". Talvez todas as esmeraldas encontradas até hoje sejam verdes, mas pode ser que as encontradas a partir de amanhã sejam azuis. Hume alegou que não pode existir um argumento não circular mostrando que sua regra de indução realmente conduz a verdades, mesmo que ela geralmente o faça. Ele pensou que, embora não haja uma justificação para a indução, realizar inferências indutivas é parte da natureza humana. Muitos filósofos consideraram seu argumento como um desafio para produzir uma demonstração não circular de que a indução é confiável, mas ninguém teve sucesso nisso até hoje – e, se Hume está certo, ninguém nunca terá.

REFLEXÃO
Como podemos saber que o futuro será como o passado?

PENSAMENTO
Peter Strawson afirmava que a regra da indução não necessita de justificação, porque parte do que significa ser racional é raciocinar indutivamente. Max Black sustentava que uma inferência indutiva particular pode ser justificada pela regra "infira que o futuro será como o passado", e que essa regra está justificada porque funcionou no passado. Hans Reichenbach tentou provar que, se há uma maneira confiável de inferir o futuro a partir do passado, então a indução será um método confiável. Nenhum desses argumentos encara de frente o desafio de Hume, uma vez que eles não mostram que a lei da indução é confiável.

TEMAS RELACIONADOS
O ENIGMA DE GOODMAN
p. 46

AS CONJECTURAS E REFUTAÇÕES DE POPPER
p. 48

DADOS BIOGRÁFICOS
DAVID HUME
1711-1776
HANS REICHENBACH
1891-1953
MAX BLACK
1909-1988
PETER STRAWSON
1919-2006

CITAÇÃO
Barry Loewer

Assim que encontrou uma esmeralda azul, ele começou a questionar tudo: até agora, o sol havia nascido todas as manhãs de sua vida – mas ele vai aparecer amanhã?

Ciência e epistemologia

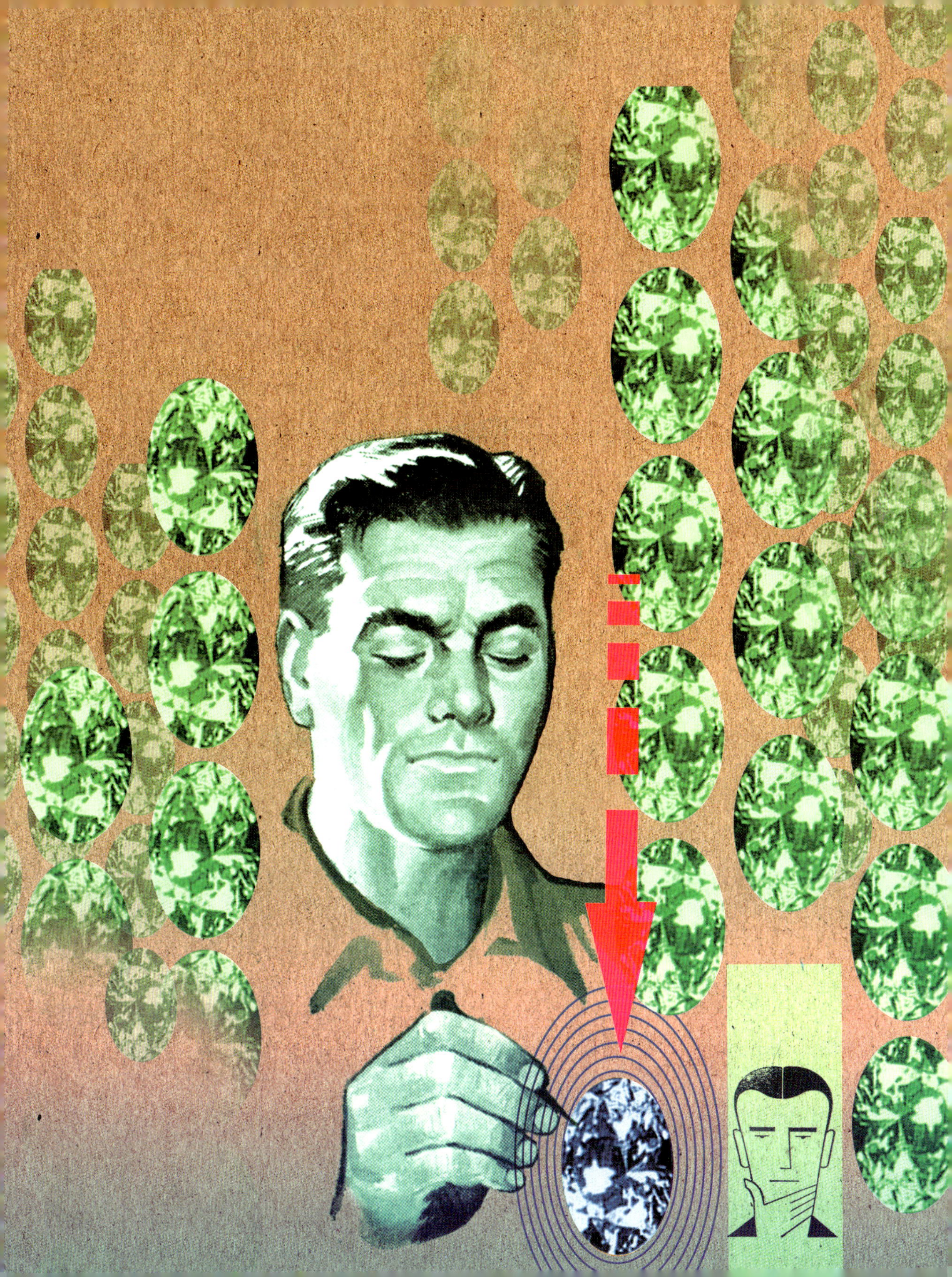

O ENIGMA DE GOODMAN

Nelson Goodman afirmou que

a regra de indução "infira que regularidades passadas continuarão a existir no futuro" não pode estar correta, uma vez que ela leva a conclusões conflitantes. A fim de ilustrar isso, ele definiu o predicado "é verzul" da seguinte maneira: algo é verzul em um tempo t se, e somente se, ele é verde e t é anterior ao primeiro momento do ano de 2100, ou ele é azul e t é precisamente esse momento ou algum posterior. Suponha que todas as esmeraldas encontradas até hoje sejam verdes. Então elas também são verzuis, uma vez que elas são verdes e foram encontradas antes de 2100. Desse modo, a regra de indução nos instrui a inferir que, depois do ano 2100, as esmeraldas serão verdes, e também que elas serão verzuis. Mas, depois do ano de 2100, esmeraldas verzuis são azuis, e não verdes! Goodman concluiu que a regra de indução deve ser modificada de forma a dizer que o futuro será como o passado, mas apenas em certos aspectos que são "projetáveis". O problema está em especificar quais predicados são projetáveis e quais não são. Uma ideia é que "verzul" não é "projetável" porque é definido com o auxílio de "verde" e "azul". Mas "verde" e "azul" podem ser definidos de forma igualmente fácil com o auxílio de "verzul" e "azurde".

REFLEXÃO
A regra "infira que regularidades passadas continuarão a existir no futuro" deve ser modificada para se aplicar apenas a predicados passíveis de projeção.

PENSAMENTO
Antes que Goodman propusesse seu enigma, Bertrand Russell já havia chamado nossa atenção para os equívocos aos quais conduz a argumentação de que o futuro será como o passado. Ele imaginou uma galinha que, no passado, observou o dono da granja sempre escolhendo para seu jantar uma galinha diferente dela. Assim, a galinha concluiu que, no futuro, o dono da granja sempre escolheria para seu jantar uma galinha que não fosse ela.

TEMAS RELACIONADOS
HUME E O PROBLEMA DA INDUÇÃO
p. 44

AS CONJECTURAS E REFUTAÇÕES DE POPPER
p. 48

DADOS BIOGRÁFICOS
NELSON GOODMAN
1906-1998

CITAÇÃO
Barry Loewer

No dia 25 daquele mês, o galo percebeu que a indução estava errada desde o princípio. Ele ficou verzul de medo.

1	2	3	4	5	6	7
8	9	10	11	12	13	14
15	16	17	18	19	20	21
22	23	24	25	26	27	28
29	30	31				

AS CONJECTURAS E REFUTAÇÕES DE POPPER

Karl Popper rejeitou a posição

de que o procedimento da ciência consiste em inferir, de forma indutiva, regularidades a partir de observações. Ele afirmava, ao contrário, que o conhecimento científico se desenvolve por um processo que recebeu dele o nome de "conjectura e refutação". Seu mantra é: "Você não pode provar a verdade de uma hipótese, nem mesmo ter indícios de que ela é verdadeira por indução, mas você pode refutá-la se ela for falsa". Popper sustentava que uma boa hipótese científica é aquela de que decorrem, de forma dedutiva, várias previsões surpreendentes. Seu argumento crucial é que, se uma observação decorre dedutivamente de uma teoria e se nossos experimentos não resultam na observação prevista, então segue-se que a própria teoria é falsa. Na opinião de Popper, a tarefa dos cientistas consiste em propor hipóteses como essas e depois tentar arduamente refutá-las. Se uma previsão fracassa, nós ficamos sabendo que a hipótese é falsa. Ele acredita que esse processo descreve o desenvolvimento do conhecimento científico desde a física aristotélica, passando pela física newtoniana, até chegar às teorias da relatividade de Einstein. Popper acrescenta que o que constrói as afirmações da astrologia, da teoria freudiana e do marxismo pseudociência é o fato de que seus praticantes nem mesmo tentam refutá-las e se munem de argumentos para se livrar de refutações aparentes.

REFLEXÃO
A ciência se desenvolve por um processo de conjecturas e refutações.

PENSAMENTO
O financista e filantropo George Soros teve aulas com Popper na London School of Economics. Ele ganhou bilhões de dólares com seus investimentos e operações monetárias. Soros diz que utilizou o método popperiano de conjecturas e refutações para auxiliá-lo a decidir sobre seus investimentos e atribui a ele seu sucesso.

TEMAS RELACIONADOS
HUME E O PROBLEMA DA INDUÇÃO
p. 44

O ENIGMA DE GOODMAN
p. 46

KUHN E AS REVOLUÇÕES CIENTÍFICAS
p. 50

DADOS BIOGRÁFICOS
KARL POPPER
1902-1994
GEORGE SOROS
1930-

CITAÇÃO
Barry Loewer

O cérebro de Karl ficou tão grande que ele percebeu que a única coisa que ele sabia era que nunca saberia o que era verdadeiro, apenas o que era falso.

$E = mc^2$

KUHN E AS REVOLUÇÕES CIENTÍFICAS

Em sua obra clássica, *A estrutura das revoluções científicas*, Thomas Kuhn argumenta que o que ele chama de "ciência normal" acontece no interior do contexto de paradigmas particulares, que fornecem as regras e os padrões para a prática científica dentro de qualquer disciplina científica particular. Os paradigmas permitem aos cientistas desenvolver avenidas de investigação, criar estratégias frutíferas de pesquisa, elaborar questões, interpretar resultados e analisar sua relevância e significado. Kuhn afirma que a história da ciência é marcada por "revoluções científicas" periódicas, cada uma delas testemunhando a substituição do paradigma dominante em um campo particular por um novo paradigma (tal como aconteceu, por exemplo, quando a visão de mundo ptolomaica foi derrubada pelo sistema copernicano). Uma revolução científica é precedida por um período de crise, durante o qual começa a ficar claro, devido à pressão exercida por um número crescente de conflitos e dificuldades, que um paradigma existente não pode mais ser mantido. Uma revolução acontece quando a comunidade científica torna-se fiel ao novo paradigma, sinalizando o fim da crise e o restabelecimento da ciência normal. Kuhn não aceita que a existência desse padrão de paradigmas que vão mudando continuamente signifique que a ciência não progrida. Ele argumenta que as teorias científicas modernas são melhores que as anteriores para resolver perplexidades que surgem em muitas condições diferentes.

REFLEXÃO
O trabalho das comunidades científicas é impulsionado pelas exigências de determinados paradigmas científicos, que são os donos do pedaço até que apareçam paradigmas melhores.

PENSAMENTO
O maior problema da abordagem de Kuhn é que ela sugere certa espécie de relativismo sobre a verdade. Se as regras e os critérios para avaliar a verdade de afirmações só funcionam no interior de paradigmas, então não é possível chegar a uma decisão entre afirmações que competem umas com as outras. Também não existe uma maneira de determinar os méritos globais de um paradigma particular, uma vez que não há um ponto de vista exterior que serviria de base para tal avaliação.

TEMA RELACIONADO
AS CONJECTURAS E REFUTAÇÕES DE POPPER
p. 48

DADOS BIOGRÁFICOS
THOMAS KUHN
1922-1996

CITAÇÃO
Jeremy Stangroom

Depois de uma revolução científica ou "mudança de paradigma", muitas teorias científicas se revelam nada mais que lixo.

$$s_1 = \frac{ae}{rc} = \frac{tt - mv}{cb} \cdot xt$$
$$vm - tt^2 = cb - r^2$$
$$vT = x \cdot rt2 = mt^2$$

MENTE E METAFÍSICA

MENTE E METAFÍSICA
GLOSSÁRIO

behaviorismo Método de investigação psicológica que reduz o discurso sobre coisas mentais (tais como sonhos, esperanças e crenças), ou até mesmo as próprias coisas mentais, ao comportamento – isto é, às atividades ou movimentos observáveis dos corpos.

conceptibilidade Um estado de coisas é concebível se você pode imaginá-lo sem contradição. A conceptibilidade é considerada uma espécie de guia para a possibilidade – tudo que é concebível é possível. Talvez não haja contradição em imaginar cangurus sem rabos, de modo que essas coisas são possíveis, mas um triângulo de quatro lados é inconcebível e, por conseguinte, não é possível. Ideias similares podem ter vastas implicações para a filosofia da mente.

consciência O aspecto de nossas vidas mentais descrito como vigília, atenção ou nossa experiência do mundo. Thomas Nagel possui um argumento famoso segundo o qual existe algo que é como ser uma criatura consciente, algo que é como ser como aquela criatura. Esse "algo que é como" é a consciência.

determinismo A posição de que todo evento, sem exceção, é inteiramente causado por suas condições antecedentes, isto é, os eventos que o precederam. Faça o Universo voltar a 2001 e o adiante novamente, e tudo vai acontecer exatamente como aconteceu antes. Aquilo que parecem escolhas e ações livres também é considerado como algo determinado.

dualismo Uma posição metafísica que sustenta que o universo é composto, em última instância, de apenas dois tipos de substância: material e mental.

epifenomenalismo Uma posição acerca da relação mente-corpo que sustenta que todos, ou quase todos, os fenômenos mentais são meramente os subprodutos (epifenômenos) de interações físicas. Segundo essa posição, eventos mentais podem causar outros eventos mentais, mas fenômenos mentais não possuem efeitos físicos.

identidade pessoal Aquilo, seja lá o que isso for, que mantém você igual a si mesmo em momentos distintos. Os principais candidatos são a continuidade de seu corpo no tempo e a continuidade de sua mente no tempo.

línguas naturais Línguas como o português e o alemão, em oposição às "línguas artificiais", como as linguagens de programação de computadores e, se Jerry Fodor está certo, a linguagem do pensamento, que é anterior a todas as outras linguagens.

livre-arbítrio O órgão da origem, a parte de nós que supostamente faz escolhas livres, de alguma forma imune às restrições das leis causais. Aqueles que sustentam que a vontade é livre afirmam, ao contrário dos deterministas, que nós às vezes temos o poder de nos desvencilhar da teia causal e simplesmente escolher as ações que iremos realizar.

metafísica O ramo da filosofia que investiga a natureza da realidade.

monismo A posição de que a realidade, em última instância, é composta de um só tipo de substância.

paradoxo Em geral, os paradoxos envolvem uma espécie de conflito ou tensão entre duas afirmações que parecem obviamente verdadeiras. Muitas vezes, o problema aparece quando afirmações conflitantes parecem decorrer logicamente de alguma outra coisa que tomamos como verdadeira.

sensações brutas A maneira peculiar como alguns estados mentais nos afetam: por exemplo, os espasmos de fome, a picada dos ciúmes, a acidez do gosto de uma maçã verde, o incômodo de uma dor e as contorções desengonçadas das cócegas.

sobredade *(aboutness)* Uma característica distintiva de pensamentos, desejos, palavras, imagens e afins, também chamada de "intencionalidade". Coisas desse gênero parecem apontar para além de si mesmas. Uma palavra se dirige a algo, ou é sobre algo, distinto da tinta na página de papel. Uma pedra, por sua vez, não é sobre nada.

DESCARTES E O PROBLEMA MENTE-CORPO

Em suas *Meditações*, René

Descartes formulou o problema mente-corpo, que consiste em compreender como consciências, mentes, pensamentos e o livre-arbítrio estão relacionados ao mundo material descrito pela ciência. Descartes argumentava que a mente e o corpo são substâncias distintas, com características essenciais muito diferentes. Ele dizia que a mente é essencialmente pensante, não espacial e pode dar origem a uma escolha livre. O corpo é essencialmente algo estendido no espaço, não pensante e regido pelas leis do movimento. A posição de Descartes, o interacionismo dualista, é a de que, em uma pessoa viva, mente e corpo estão unidos e um está constantemente influenciando o outro. Mas como a mente pode afetar o corpo, se este último é regido pelas leis da natureza? A resposta de Descartes era que, em um ser humano, mente e corpo interagem em um ponto no interior da glândula pineal (uma pequena glândula localizada na base do cérebro). Essa resposta não satisfez filósofos posteriores, que propuseram várias teorias alternativas. Entre elas estão: o fisicalismo, segundo o qual mente e corpo não são realmente distintos e a mente é na verdade física; o idealismo, que sustenta que o corpo é na verdade uma ilusão e só a mente existe; o monismo, que diz que a realidade tem tanto aspectos mentais quanto físicos; e o epifenomenalismo, segundo o qual o corpo pode afetar a mente, mas a mente não pode afetar o corpo.

REFLEXÃO
Sua mente é algo não físico e meio fantasmagórico que controla seu corpo, é seu cérebro ou é algo completamente diferente disso?

PENSAMENTO
Descartes achava que as leis da física deixam aberta a possibilidade de que mentes afetem os movimentos da glândula pineal (e do corpo). Mas, à medida que a física foi avançando, muitos filósofos se convenceram de que todos os movimentos dos corpos físicos são regidos pelas leis da física. Isso torna particularmente difícil compreender como a mente pode afetar o corpo, a não ser que ela também seja de natureza física.

TEMAS RELACIONADOS
BRENTANO E A INTENCIONALIDADE
p. 58

O DEMÔNIO DE LAPLACE, DETERMINISMO E LIVRE-ARBÍTRIO
p. 74

RYLE E O FANTASMA NA MÁQUINA
p. 76

DADOS BIOGRÁFICOS
RENÉ DESCARTES
1596-1650

ARTHUR SCHOPENHAUER
1788-1860

CITAÇÃO
Kati Balog

O filósofo Arthur Schopenhauer deu ao problema mente-corpo o nome "O nó do mundo". Ele ainda está para ser desatado.

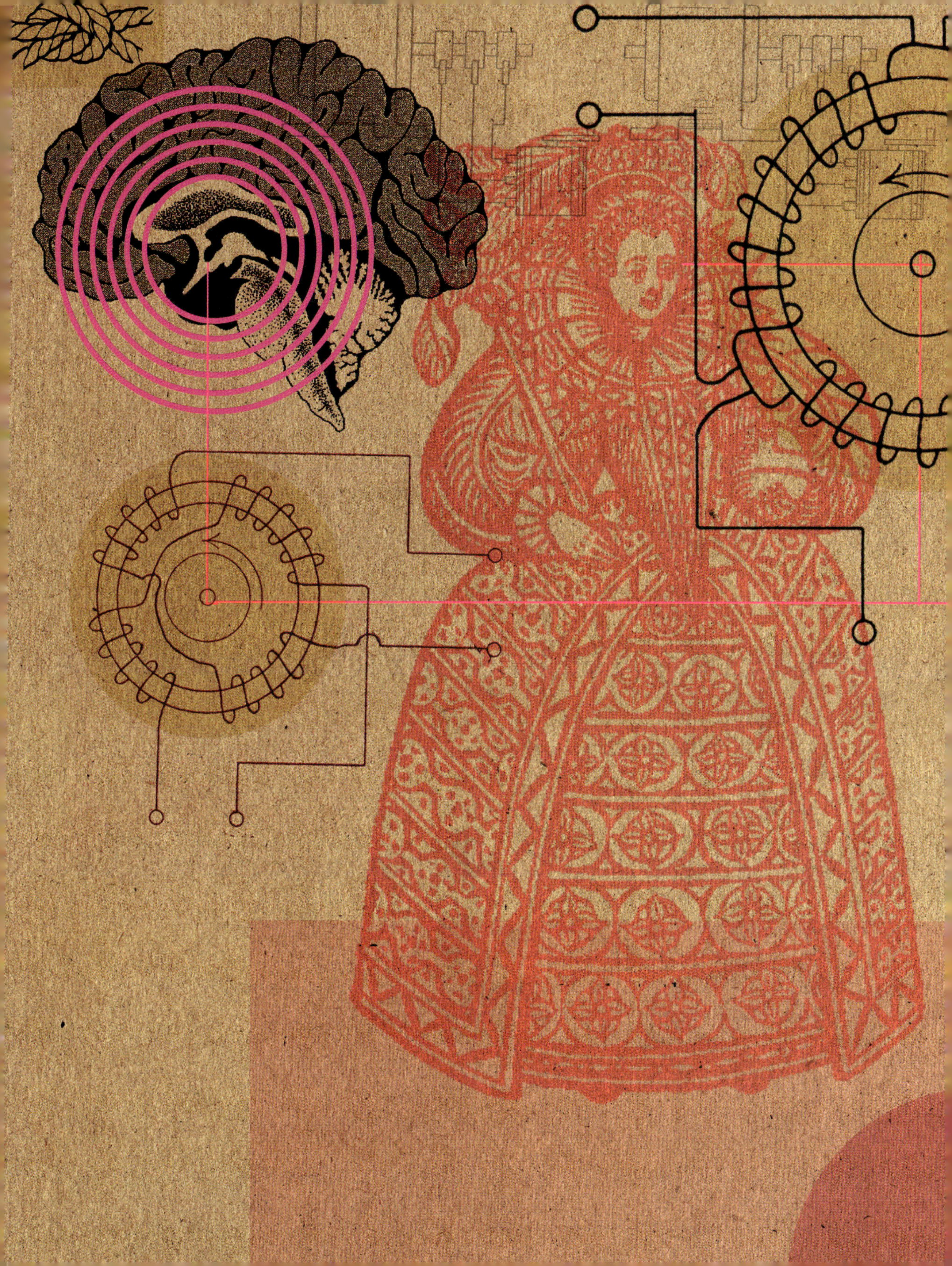

BRENTANO E A INTENCIONALIDADE

O que distingue o mental do físico? De acordo com Franz Brentano, a marca característica do mental é que ele sempre se dirige a algo diferente de si, ao passo que as coisas físicas apenas são. Pensamentos são *sobre* algo, percepções são *de* coisas, nós fazemos juízos sobre coisas, e amar ou odiar envolve a adoção de uma postura em relação ao objeto de nossas emoções. Por exemplo, seu pensamento de que Londres está a leste de Nova York é sobre essas duas cidades. Brentano dizia que as coisas físicas nunca são *sobre* ou *de* coisas dessa maneira: uma pedra não é sobre nada, ela apenas existe. É verdade que as expressões de uma linguagem, pinturas, mapas etc. podem ser sobre outras coisas, mas esse tipo de "sobredade" *(aboutness)* é algo criado pela mente e dependente dela, e assim, em última instância, também é mental. Essa "sobredade" do mental foi chamada por Brentano de "intencionalidade". Parece haver algumas exceções, aquilo que poderíamos chamar de "sensações brutas". Por exemplo, uma dor certamente não é sobre ou de alguma coisa, ela simplesmente é. Mas, para Brentano, a dor ainda tem um aspecto intencional: dores representam áreas lesionadas do corpo. A maioria dos filósofos contemporâneos aceita que a intencionalidade é a marca característica do mental e que ela está, em última instância, baseada no cérebro e em suas atividades. Mas como isso funciona exatamente é a questão filosófica que não quer calar.

REFLEXÃO
A função da mente é ser sobre coisas.

PENSAMENTO
A forma tradicional de distinguir mente e matéria é pensá-las como dois tipos distintos de substância: o material físico é sólido e tem massa e extensão; o material mental não tem peso nem dimensões, mas nem por isso deixa de ser uma coisa. A divisão da realidade em dois tipos de substância radicalmente diferentes é algo problemático por várias razões (por exemplo, como eles interagem?). Distinguir o mental do físico por meio da intencionalidade, sem pressupor nada acerca da substância, é por conseguinte uma alternativa tantalizadora.

TEMAS RELACIONADOS
DESCARTES E O PROBLEMA MENTE-CORPO
p. 56

O DEMÔNIO DE LAPLACE, DETERMINISMO E LIVRE-ARBÍTRIO
p. 74

DADOS BIOGRÁFICOS
FRANZ BRENTANO
1838-1917

CITAÇÃO
Julian Baggini

Isso pode ser não intencional, mas pensar demais sobre a intencionalidade pode deixar seu cérebro doendo – ou será que é sua mente que está dolorida?

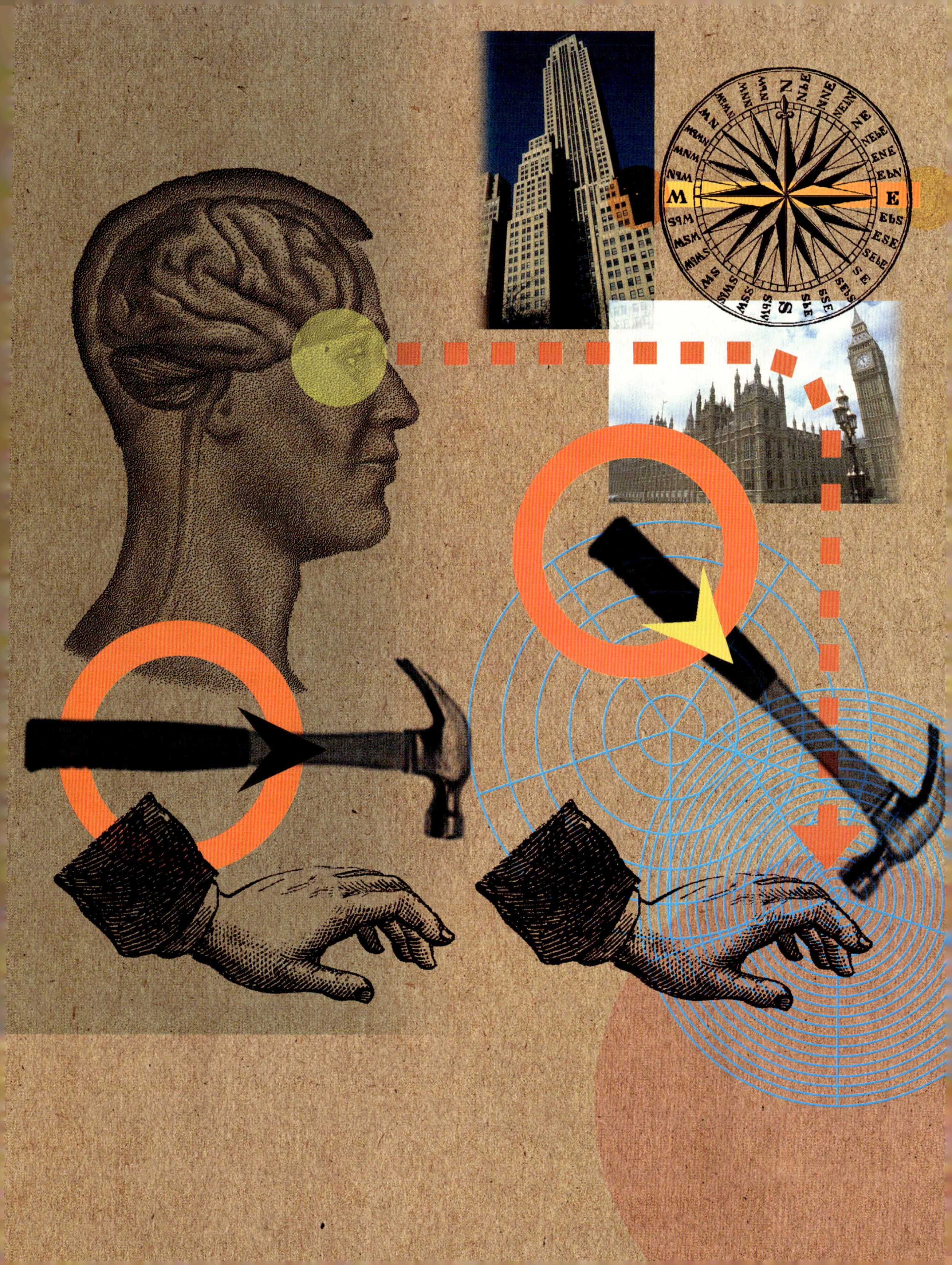
N
E
S

FODOR E A LINGUAGEM DO PENSAMENTO

O filósofo Jerry Fodor desenvolveu uma controversa teoria da mente. Ele teoriza que existe uma linguagem do pensamento inata, a que chama de "mentalês". A postulação do mentalês tem a função de explicar a natureza do pensamento (e outras capacidades mentais) e esclarecer o aprendizado das línguas naturais. Percepções, memórias e intenções envolvem exemplares de sentenças do mentalês. Assim, quando pensamos o pensamento de que o sapo é verde, ocorre em nosso cérebro uma sentença em mentalês que significa "O sapo é verde". Pensamentos podem versar sobre objetos (por exemplo, o sapo) e podem ser verdadeiros ou falsos porque sentenças podem aludir a objetos e ser verdadeiras ou falsas. Sentenças do mentalês são como sentenças das línguas naturais na medida em que possuem uma estrutura gramatical, mas são diferentes na medida em que não são usadas para a comunicação, mas para pensar. O mentalês é anterior à língua natural. De acordo com Fodor, aprender uma língua natural como o português pressupõe a existência da capacidade de pensar em mentalês. Quando aprendemos o significado de uma palavra, aprendemos a associá-la com uma palavra do mentalês. O mentalês é inato, embora a capacidade de empregar um termo do mentalês possa ser desencadeada quando vivenciamos certas experiências. Mas Fodor não para por aí e assimila as atividades mentais, tanto as conscientes quanto as inconscientes, às operações de um computador. Pensar, perceber e todo o resto envolvem computações com sentenças em mentalês.

REFLEXÃO
A maioria de nós não sabe disso, mas somos excelentes usuários (embora não falantes) do mentalês.

PENSAMENTO
Pesquisas recentes em psicologia infantil têm tornado cada vez mais convincente a ideia de que os recém-nascidos já vêm ao mundo equipados com uma multidão de conhecimentos inatos. Por exemplo, eles sabem a diferença entre coisas vivas e não vivas. Será que um bebê já possui o termo em mentalês que significa "elefante", antes mesmo de ver um elefante pela primeira vez? Fodor apenas afirma que há palavras do mentalês que estão preparadas para se referir a elefantes quando as condições apropriadas são satisfeitas, e entre essas condições pode estar a de ver elefantes ou imagens de elefantes.

TEMA RELACIONADO
KANT E O SINTÉTICO *A PRIORI*
p. 130

DADOS BIOGRÁFICOS
JERRY FODOR
1935-

CITAÇÃO
Kati Balog

Ela não sabe os nomes desses animais em português – ela ainda não aprendeu –, mas ela sempre os soube em mentalês.

ELEPHANT
A B

AS PESSOAS DE PARFIT

O filósofo contemporâneo Derek

Parfit propôs o seguinte debate: "O que torna uma pessoa a mesma pessoa com o passar do tempo?". Essa questão também havia sido formulada por John Locke, que imaginava um príncipe e uma pessoa pobre trocando memórias, desejos e outros atributos mentais. Locke dizia que a pessoa que até aquele momento tinha habitado o corpo do príncipe agora habita o corpo do pobre, e o pobre habitaria o corpo do príncipe. Segundo ele, pessoas em pontos distintos do tempo são a mesma pessoa em virtude da pessoa no ponto posterior ter as memórias da pessoa no ponto anterior e manter com esta uma relação de continuidade mental. A polícia utiliza impressões digitais para identificar uma pessoa, mas, se Locke está certo, isso pode ser um equívoco. Parfit continua a discussão de Locke imaginando uma pessoa, que pode ser o capitão Kirk, que entra em um aparelho de teletransporte com defeito e é enviado à Terra, onde surgem dois capitães, ambos com as memórias, desejos e tudo o mais de Kirk. Esses dois capitães terão o mesmo direito de dizer que são idênticos a Kirk, mas eles claramente não são idênticos um ao outro. Parfit conclui que a identidade não consiste nas memórias e na continuidade mental. Mas ele vai mais longe e afirma que isso não importa, uma vez que aquilo com o que realmente nos preocupamos é sobreviver, e a sobrevivência consiste na continuidade mental.

REFLEXÃO
Se você entrar em um aparelho de teletransporte e dele saírem dois de você, qual deles é você?

PENSAMENTO
Você pode achar que exemplos que têm a ver com príncipes e pobres que trocam de corpos e múltiplos capitães Kirk são extravagantes demais para serem levados a sério. Os filósofos se interessam por essas histórias imaginárias porque elas podem nos ajudar a compreender nosso conceito de pessoa. Também pode haver consequências para questões práticas sobre a punição, em especial se um indivíduo cometeu um crime enquanto jovem, mas não tem memórias de eventos passados e talvez seja hoje uma pessoa completamente diferente.

TEMAS RELACIONADOS
OS ZUMBIS DE CHALMERS
p. 66

A MÃO ESQUERDA DE KANT
p. 70

O NAVIO DE TESEU
p. 72

DADOS BIOGRÁFICOS
DEREK PARFIT
1942-

JOHN LOCKE
1632-1704

CITAÇÃO
Kati Balog

Uma pessoa é a soma de esperanças, medos e memórias passadas; nada mais realmente importa – mas tente dizer isso para o mendigo miserável.

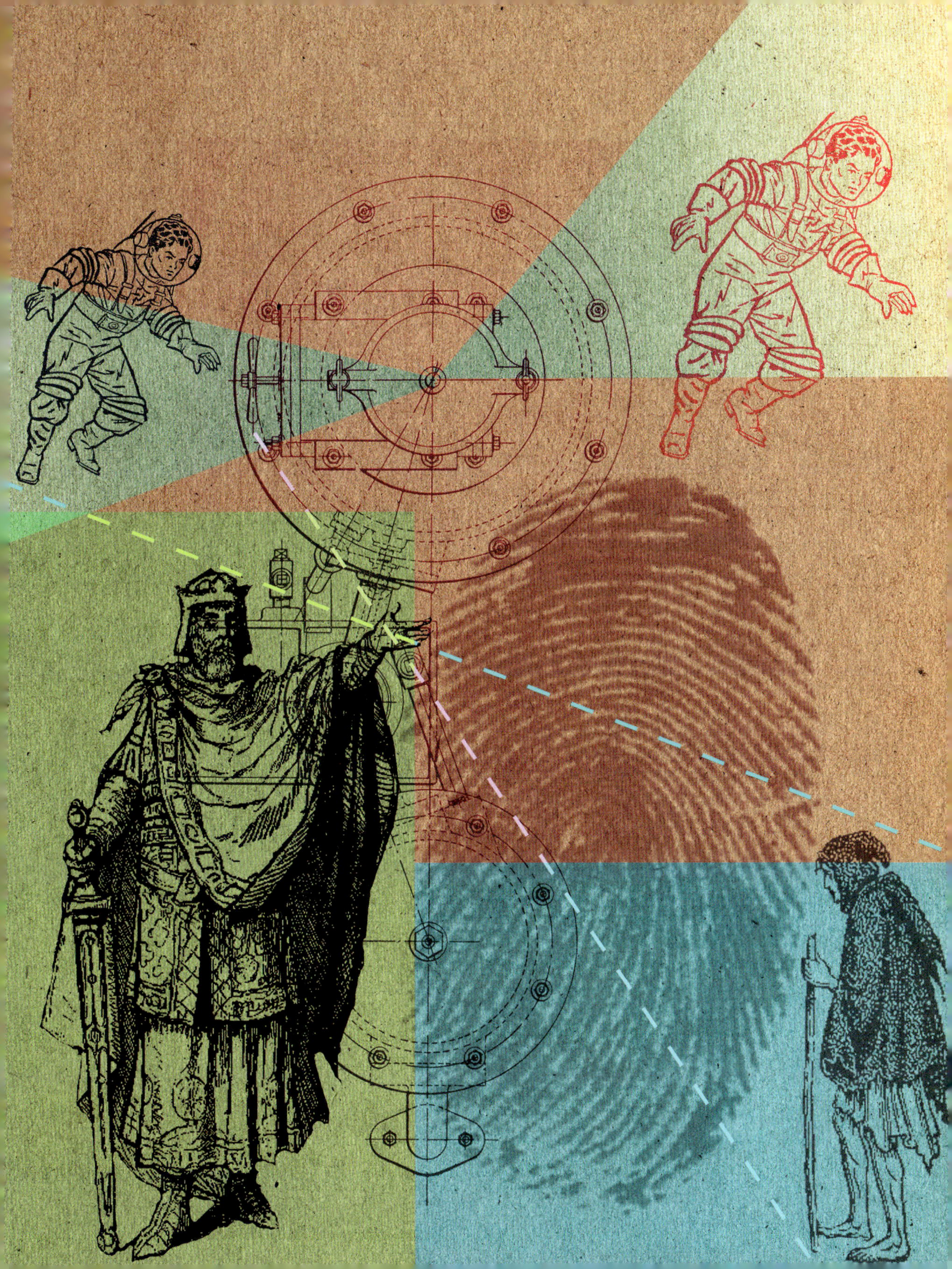

1596
Nasce em La Haye, perto de Tours, França

1616
Gradua-se em direito pela Universidade de Poitiers

1628
Parte para a Holanda, que seria sua casa até 1649

1637
Publica o *Discurso do método*, com a *óptica*, *meteorologia* e *geometria*

1641
São publicadas as *Meditações sobre filosofia primeira*, com os primeiros seis conjuntos de *Objeções e respostas*

1644
Os princípios da filosofia são publicados

1650
Morre, provavelmente de pneumonia

RENÉ DESCARTES

Talvez seja uma simplificação exagerada dizer que houve duas correntes principais que moldaram a vida e obra de Descartes – a emergência da ciência moderna tal como exemplificada na obra de Copérnico e Galileu, e a consciência de que a educação jesuíta que ele recebera ofereceu-lhe muito menos conhecimentos confiáveis do que prometia. Não obstante isso, esses dois fatores foram tremendamente importantes para levar Descartes a desenvolver as ideias científicas e filosóficas que, em certo sentido, inauguraram o mundo moderno.

René Descartes nasceu em 1596, em La Haye, França, ingressou no Colégio Jesuíta aos 11 anos de idade e depois estudou direito na Universidade de Poitiers. No entanto, em vez de seguir uma carreira no direito, Descartes foi viajar e entrou para o exército, o que o conduziu a um encontro acidental com o filósofo e cientista holandês Isaac Beeckman, alterando o rumo de sua vida. A amizade entre eles despertou em Descartes o interesse pelas ciências e o colocou no caminho que acabaria por transformá-lo no primeiro grande filósofo moderno.

Suas maiores obras filosóficas foram escritas em um período de vinte anos que começou em 1629. Em *Discurso do método*, publicado em 1637 originalmente como um prefácio às obras sobre geometria, óptica e meteorologia, Descartes estabeleceu os fundamentos de sua epistemologia e metafísica. O passo seguinte foi dado em 1641, com a publicação de suas *Meditações sobre filosofia primeira*, nas quais articulou seu famoso método de dúvida como uma técnica para estabelecer os fundamentos do conhecimento indubitável.

À época da morte de Descartes, em 1650, sua reputação de brilhantismo já estava bem consolidada. Suas ideias eram ensinadas em universidades holandesas; suas *Meditações* haviam recebido contribuições críticas de luminares como John Locke; e ele estava bem estabelecido nos círculos intelectuais mais refinados da Europa. Mas o legado cartesiano superou até mesmo esses primeiros momentos auspiciosos. É justo dizer que foi a obra de Descartes, mais que a de qualquer outro filósofo, que moldou o trajeto da filosofia na era moderna.

OS ZUMBIS DE CHALMERS

Recentemente, David Chalmers ressuscitou argumentos em prol do dualismo de mente e corpo alegando que zumbis são metafisicamente possíveis. Para ele, zumbis são seres humanos que fisicamente se parecem com pessoas conscientes, mas que, apesar disso, não têm nenhum traço de consciência. Uma vez que zumbis são fisicamente como humanos conscientes, eles se comportam exatamente como humanos conscientes. Quando seu gêmeo zumbi pisa em um prego, ele grita "Ai!", embora não sinta nada. O argumento de Chalmers a favor do dualismo começa com a ideia de que o universo zumbi é concebível. Não há contradição em imaginar que existe um universo que é, do ponto de vista físico, exatamente como o nosso em todos os aspectos, salvo que as criaturas em seu interior são destituídas de consciência. Se isso está correto, então a consciência é bem diferente dos outros fenômenos biológicos, uma vez que é contraditório imaginar um universo fisicamente como o nosso, mas onde o gêmeo zumbi não respira, digere, se reproduz e realiza as outras atividades exatamente como você. Chalmers afirma que disso decorre a conceptibilidade da situação imaginada dos zumbis, que estes são uma possibilidade metafísica genuína. Se eles são metafisicamente possíveis, e nós somos conscientes, então em nosso universo há mais que entidades físicas e coisas compostas inteiramente de entidades físicas e seus arranjos – há também consciências não físicas!

REFLEXÃO
Você pode saber quase tudo sobre a constituição física da pessoa sentada ao seu lado, e mesmo assim ela pode ser um zumbi.

PENSAMENTO
A posição de Chalmers é uma espécie de dualismo, uma vez que ela diz que a consciência não é física. Mas, ao contrário de René Descartes, Chalmers não acha que existem substâncias mentais. Em vez disso, sua posição é que a consciência é uma característica não física de certas coisas físicas, em particular, do cérebro humano. A maioria dos filósofos que adere ao fisicalismo discorda de Chalmers, afirmando que, embora o caso imaginado dos zumbis não contenha contradições, não decorre disso que zumbis sejam metafisicamente possíveis.

TEMA RELACIONADO
AS PESSOAS DE PARFIT
p. 62

DADOS BIOGRÁFICOS
DAVID CHALMERS
1966-

CITAÇÃO
Kati Balog

Um pensa, logo existe, ao passo que outro não pode pensar, mas também existe. Qual é exatamente a diferença entre eles?

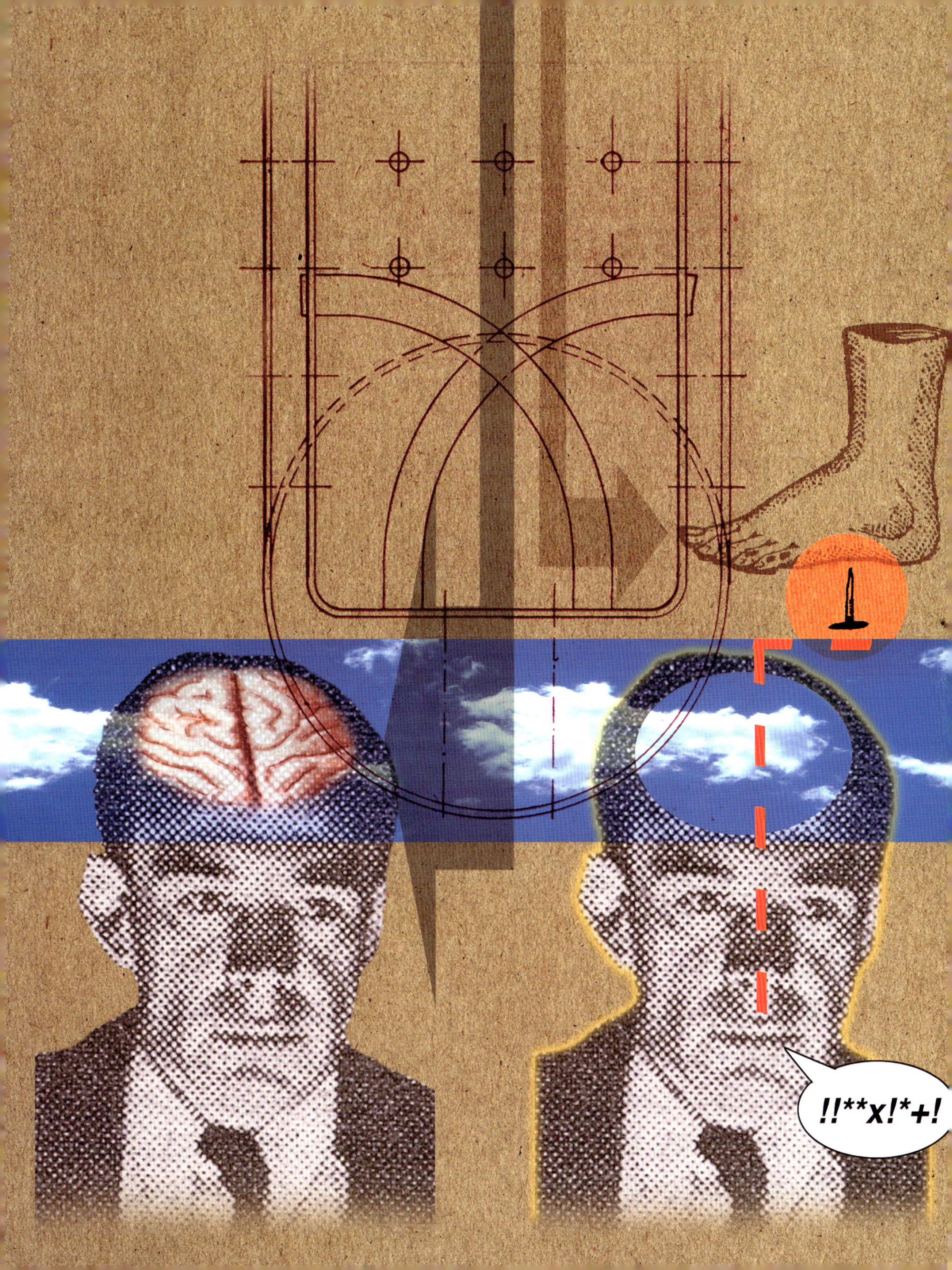
!!**x!*+!

OS PARADOXOS DE ZENÃO

O filósofo da Grécia antiga

Zenão de Eleia concebeu muitos paradoxos sobre o tempo e o movimento. É possível, por exemplo, argumentar logicamente que, se em uma corrida Aquiles concede uma vantagem inicial a uma tartaruga, ele nunca poderá ultrapassá-la, contanto que a tartaruga continue se movendo. A razão disso é que, para ultrapassá-la, ele primeiro precisa alcançar o ponto em que está a tartaruga, mas, no momento em que ele chega lá, a tartaruga já terá seguido em frente. Assim, Aquiles precisa agora alcançar o ponto para onde a tartaruga se moveu, mas assim que ele chega lá, a tartaruga já se foi, e assim por diante, *ad infinitum*. Outro paradoxo afirma que uma flecha nunca pode se movimentar, uma vez que em um momento qualquer do tempo, a flecha tem que ocupar completamente certa porção do espaço. Semelhante a uma fotografia, em um momento qualquer, a flecha está onde está, e não em outro lugar. Por conseguinte, ela está imóvel. Mas, se o tempo não é mais que uma série de momentos, e se a flecha está sempre imóvel em todo momento particular, ela nunca se movimenta. E mesmo assim nós sabemos que flechas se movimentam e que Aquiles pode ultrapassar a tartaruga. Então onde está o defeito – em nossa visão da realidade ou na lógica dos paradoxos?

REFLEXÃO
Viajar pode não ser melhor do que chegar, mas ao menos é possível.

PENSAMENTO
A chave para resolver os paradoxos está em olhar para o que eles pressupõem: que o tempo é uma série de momentos estáticos (a flecha), ou que o espaço e o tempo podem ser divididos em porções cada vez menores (a tartaruga). Para gerar os quebra-cabeças, temos que pressupor certas coisas sobre a natureza do tempo e do espaço. Os paradoxos de Zenão trazem esses pressupostos à tona e nos fazem questioná-los.

DADOS BIOGRÁFICOS
ZENÃO
490-430 a.C.

CITAÇÃO
Julian Baggini

Os paradoxos do movimento de Zenão fizeram o mundo antigo correr apenas para continuar parado. Mas, sem as questões suscitadas pelos paradoxos, os físicos nunca teriam colocado o mundo moderno em movimento com suas explicações da natureza do espaço, tempo e matéria.

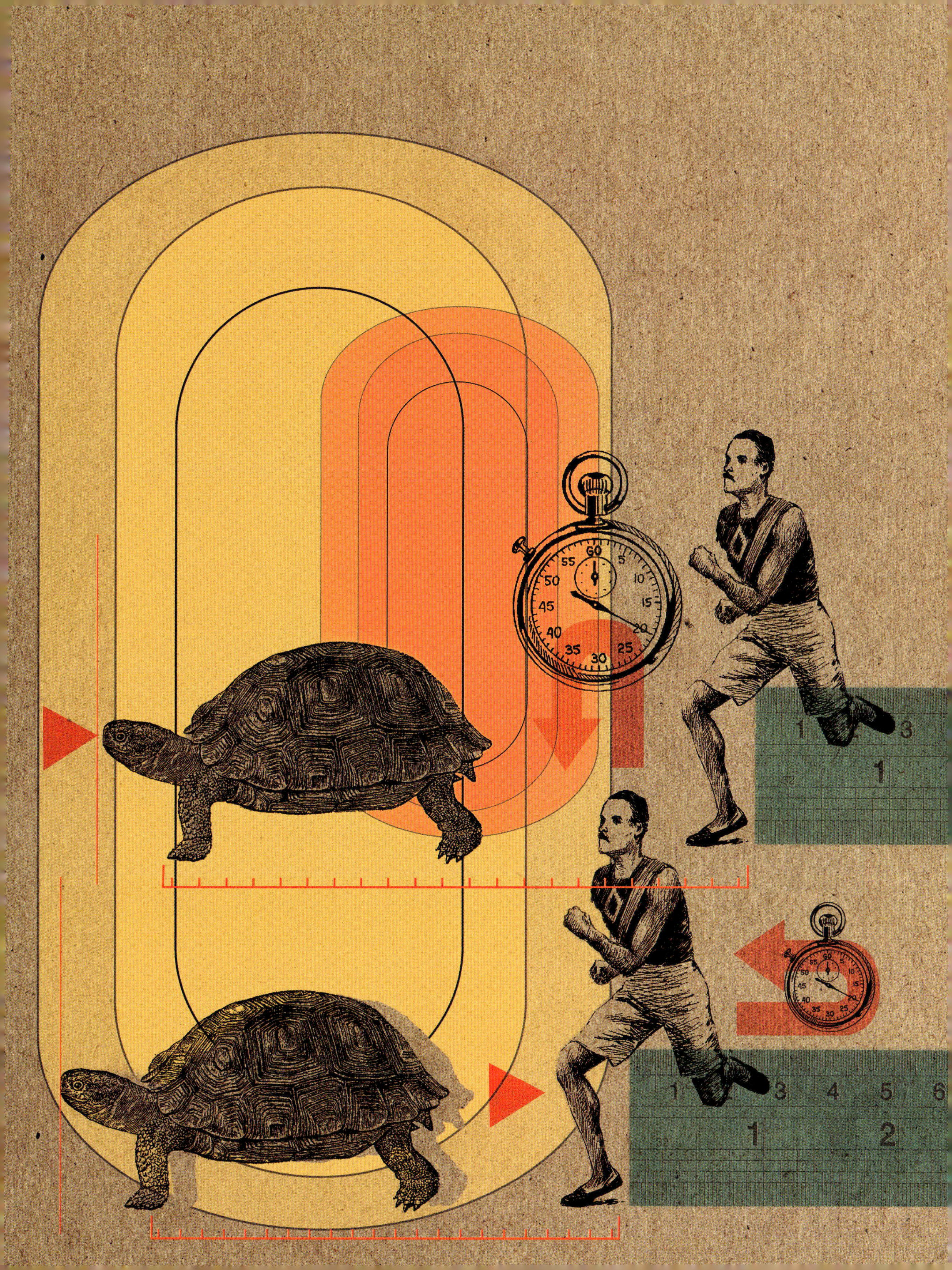

A MÃO ESQUERDA DE KANT

Immanuel Kant pensou longa

e seriamente sobre uma disputa entre Isaac Newton e Gottfried Leibniz. Newton afirmava que o espaço era uma espécie de teatro (ele o chamava de "sensório divino"), no qual as localizações são absolutas. A consequência disso era que, se Deus tivesse posicionado todas as partículas do universo a 160 km de suas localizações presentes, embora mantendo iguais as distâncias entre elas, Ele teria criado um universo diferente. Leibniz achava que isso era absurdo. Ele dizia que Deus não teria nenhuma razão para posicionar as partículas em um lugar, ao invés de outro. Em vez disso, ele dizia que o espaço não é um lugar, mas sim que um espaço consiste em relações de distância entre partículas. Kant achava que poderia provar que Newton estava certo e Leibniz errado com um experimento mental. Ele imaginou um universo onde não existia nada mais que uma mão esquerda, e um universo diferente, onde existia somente uma mão direita. Todas as relações entre todas as partículas que compunham as mãos eram exatamente as mesmas nos dois casos. Elas eram imagens espelhadas (olhe a ilustração!). Kant argumentava que, uma vez que as duas situações eram obviamente diferentes, o espaço era mais que as relações de distância entre as partículas. Leibniz está errado e Newton está certo!

REFLEXÃO
Newton dizia: "O espaço é absoluto"; Leibniz afirmava: "Só existem relações espaciais"; e Kant deu a vitória a Newton!

PENSAMENTO
O debate sobre o espaço entre absolutistas e relacionistas continua até hoje. A resposta dos relacionistas a Kant é que seu experimento mental é enganoso. Na verdade, o universo que ele imagina possui mais que uma mão esquerda (ou direita) em seu interior. Ele também imagina a si mesmo nesse universo, observando a mão, e isso basta para que o relacionista encontre relações de distância que distinguem a esquerda da direita. Alguns físicos afirmam que as próprias leis da natureza requerem uma distinção absoluta entre esquerda e direita para explicar o decaimento de certas partículas.

TEMA RELACIONADO
AS PESSOAS DE PARFIT
p. 62

DADOS BIOGRÁFICOS
IMMANUEL KANT
1724-1804

CITAÇÃO
Barry Loewer

Levantem a mão todos os que concordam com Kant, por favor. Não importa se a esquerda ou a direita – ou importa?

Mente e metafísica

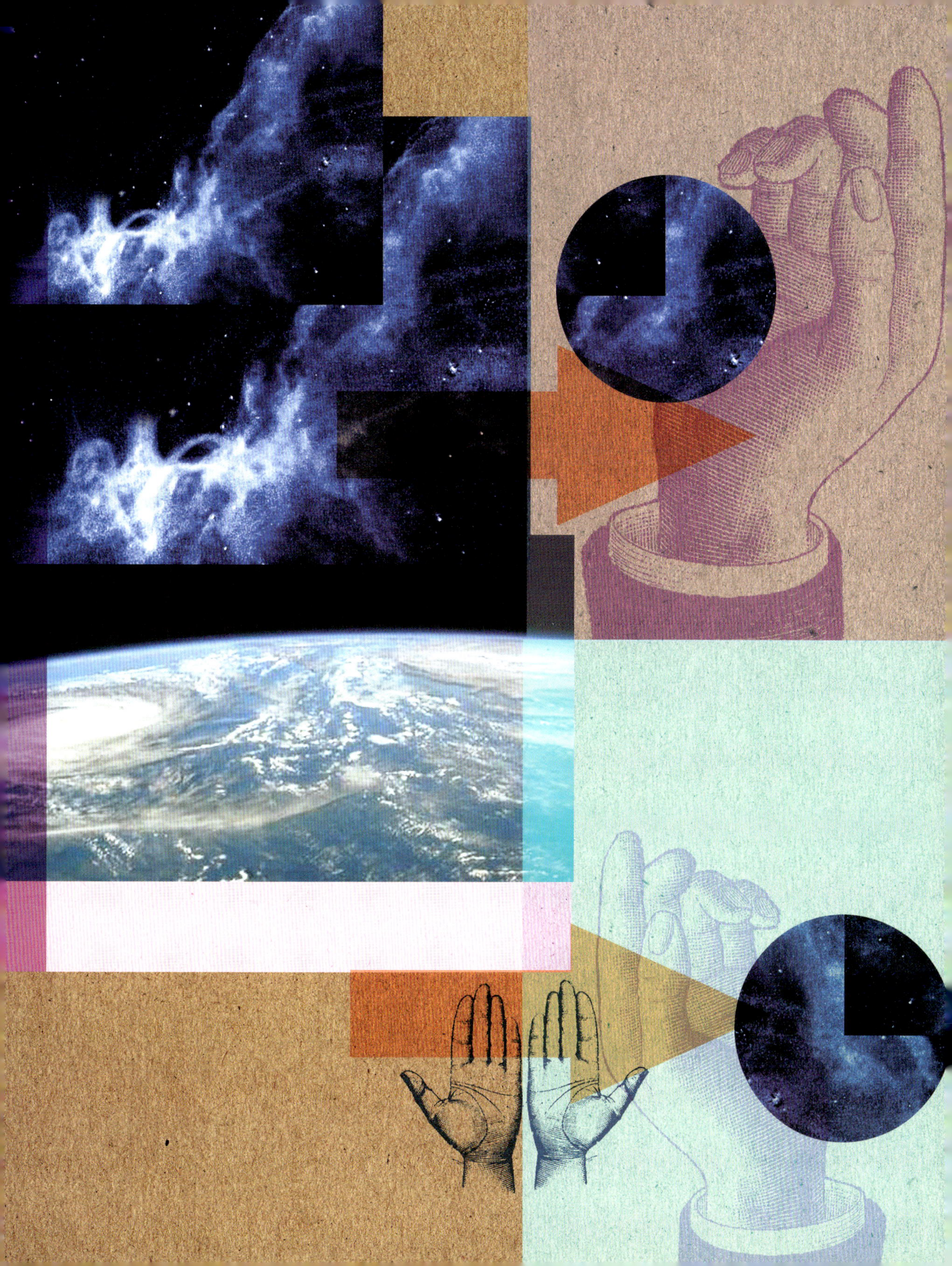

O NAVIO DE TESEU

O navio de Teseu é colocado no estaleiro. Pedaço por pedaço, cada uma de suas partes é substituída. Toda vez que uma tábua velha é arrancada, uma nova é colocada. Mais cedo ou mais tarde, o trabalho é finalizado e o navio finalmente zarpa. Contudo, alguém coletou os pedaços antigos e os juntou novamente, e esse navio também é lançado ao mar. Sendo assim, qual dessas duas embarcações é o verdadeiro navio de Teseu? Talvez você diga que é aquele feito com o material original. Mas isso não é o que Teseu acha: ele acredita que seu navio foi reformado, não substituído. Por outro lado, não é sempre que pensamos que, para ser dono de algo, é preciso que esse algo seja uma coisa física particular: quando o Urso Paddington foi ao banco para sacar cinco libras e disse, atordoado, que a nota que lhe deram não era a dele, ele estava se equivocando a respeito da natureza do dinheiro. O problema, proposto por Thomas Hobbes, pode parecer muito abstrato, mas considere por um momento que todas as células de seu corpo se modificam com o tempo. Desse modo, as pessoas são porções particulares de matéria ou uma forma contínua de organizar a matéria que está sempre se modificando? Nós somos como as cédulas de dinheiro ou como o valor monetário?

REFLEXÃO
Você mudou ou foi trocado por outra pessoa?

PENSAMENTO
Pense no quebra-cabeça em termos de *types* (tipos) e *tokens* (exemplares). *Tokens* são objetos físicos particulares, ao passo que *types* são formas de objetos que podem ser exemplificadas em diferentes *tokens*. Assim, por exemplo, não importam os *tokens* (as notas particulares) nos quais você recebe seu dinheiro, contanto que o *type* (o valor) seja o mesmo. Faria diferença se seu cônjuge fosse substituído por um *token* idêntico? Se sim, por quê? Você ama esses átomos particulares?

TEMA RELACIONADO
AS PESSOAS DE PARFIT
p. 62

DADOS BIOGRÁFICOS
THOMAS HOBBES
1588-1679

CITAÇÃO
Julian Baggini

A propriedade é nove décimos da lei – mas 100% do material no navio de Teseu foi substituído. Ele é ainda seu navio? Faça aí as contas.

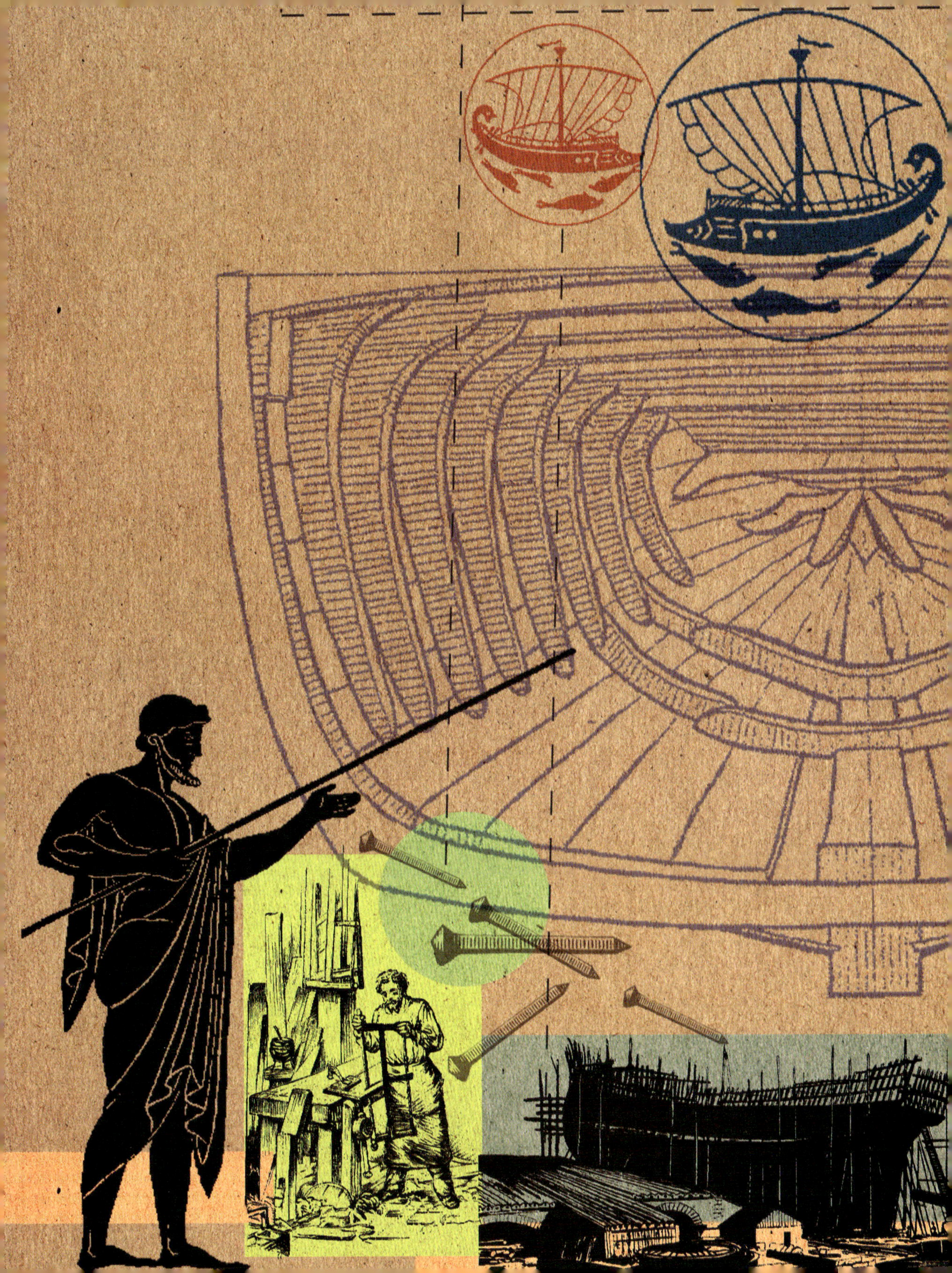

O DEMÔNIO DE LAPLACE, DETERMINISMO E LIVRE-ARBÍTRIO

Pierre-Simon Laplace supunha

que tudo é composto de átomos e que os movimentos dos átomos são regidos pelas leis que Isaac Newton descobriu no século XVII. Laplace imaginou um demônio superinteligente e com dons matemáticos que conhece as posições e velocidades de todas as partículas no Universo em um determinado tempo, assim como todas as leis da natureza. Ele afirmava que esse demônio poderia calcular as posições e velocidades de todas as partículas em qualquer ponto do tempo. O demônio poderia prever onde seu corpo estaria e como ele estaria se movimentando no ano que vem a partir de seu conhecimento das posições e velocidades das partículas no Universo 1 milhão de anos atrás. O argumento de Laplace depende do fato de que as leis de Newton são deterministas. Muitos filósofos concluíram que o determinismo é incompatível com o livre-arbítrio. Pois, se os movimentos de seu corpo são determinados pelo que aconteceu 1 milhão de anos atrás, como pode "caber a você" a decisão de, digamos, levantar sua mão esquerda? Eles concluem que ou o determinismo é falso, ou o livre-arbítrio é uma ilusão. Outros filósofos afirmam que, para ter livre-arbítrio, basta possuir controle intencional do ato de levantar ou não sua mão esquerda, e que um controle desse gênero é compatível com o determinismo.

REFLEXÃO
O demônio de Laplace calcula a maneira como seu corpo se movimentará amanhã a partir das posições das partículas no passado, privando-o, assim, de seu livre-arbítrio.

PENSAMENTO
Normalmente pensamos que a física atual nos diz que as leis fundamentais da mecânica quântica não são deterministas, mas apenas nos informam de probabilidades. Alguns filósofos acham que isso resolve o problema do livre-arbítrio. Mas é controverso afirmar que a mecânica quântica não é determinista, e mesmo que suas leis sejam probabilísticas, pode ser que elas não deixem espaço para o livre-arbítrio.

TEMAS RELACIONADOS
DESCARTES E O PROBLEMA MENTE-CORPO
p. 56

BRENTANO E A INTENCIONALIDADE
p. 58

O ATOMISMO DE LUCRÉCIO
p. 124

SARTRE E A MÁ-FÉ
p. 152

DADOS BIOGRÁFICOS
PIERRE-SIMON LAPLACE
1749-1827

CITAÇÃO
Kati Balog

O livre-arbítrio existe? Se não, é possível que tenhamos coisas como a justiça ou a moralidade? Poderíamos perguntar ao demônio de Laplace, mas ele pode estar tão em dúvida sobre isso quanto nós.

RYLE E O FANTASMA NA MÁQUINA

O filósofo do século XX Gilbert

Ryle dizia que os filósofos (e pessoas comuns) cometem um grave equívoco quando afirmam que é a mente que dita os movimentos do corpo. Ele chamava essa visão da mente de "o fantasma na máquina" e a atribuía a René Descartes, além de dar a esse equívoco o nome de "erro categorial". Se alguém é levado para um passeio por todos os prédios de Oxford e depois diz "Estou vendo todos esses prédios, mas onde está Oxford?", essa pessoa estaria cometendo um erro categorial, o erro de pensar que Oxford está na mesma categoria que os outros prédios. Ele não entende que os prédios são partes de Oxford. Ryle afirmava que aqueles que pensam na mente como uma coisa além do corpo e distinta deste não conseguem ver que são o corpo e suas atividades que compreendem a mente. Segundo Ryle, quando dizemos que Hilary tem uma mente inquisitiva, não estamos dizendo que há alguma coisa associada ao corpo de Hilary, a saber, sua mente, que é inquisitiva e faz com que ela emita observações inquisitivas. Ao contrário, o que queremos dizer é que Hilary se comporta de forma inquisitiva. A mente não é um fantasma na máquina, mas sim uma forma de descrever as atividades da máquina.

REFLEXÃO
A maneira de resolver o problema mente-corpo é exorcizar o fantasma na máquina.

PENSAMENTO
Ryle possui uma visão da mente que é uma versão sofisticada do behaviorismo. Sua ideia é a de que uma sentença atribuindo um estado ou processo mental a uma pessoa significa, na verdade, que essa pessoa se comporta ou está prestes a se comportar de certas maneiras. Enquanto isso pode ser razoavelmente plausível no caso de certas sentenças, tais como "Ela está inquisitiva", é muito pouco plausível no caso de sentenças como "Ela está pensando sobre filosofia" e "Ela está sentindo uma brisa fresca nas bochechas".

TEMAS RELACIONADOS
DESCARTES E O PROBLEMA MENTE-CORPO
p. 56

BRENTANO E A INTENCIONALIDADE
p. 58

DADOS BIOGRÁFICOS
GILBERT RYLE
1900-1976

CITAÇÃO
Kati Balog

De acordo com Gilbert Ryle, ele pensa, logo existe, mas ele não passa da manifestação de um processo físico inconsciente.

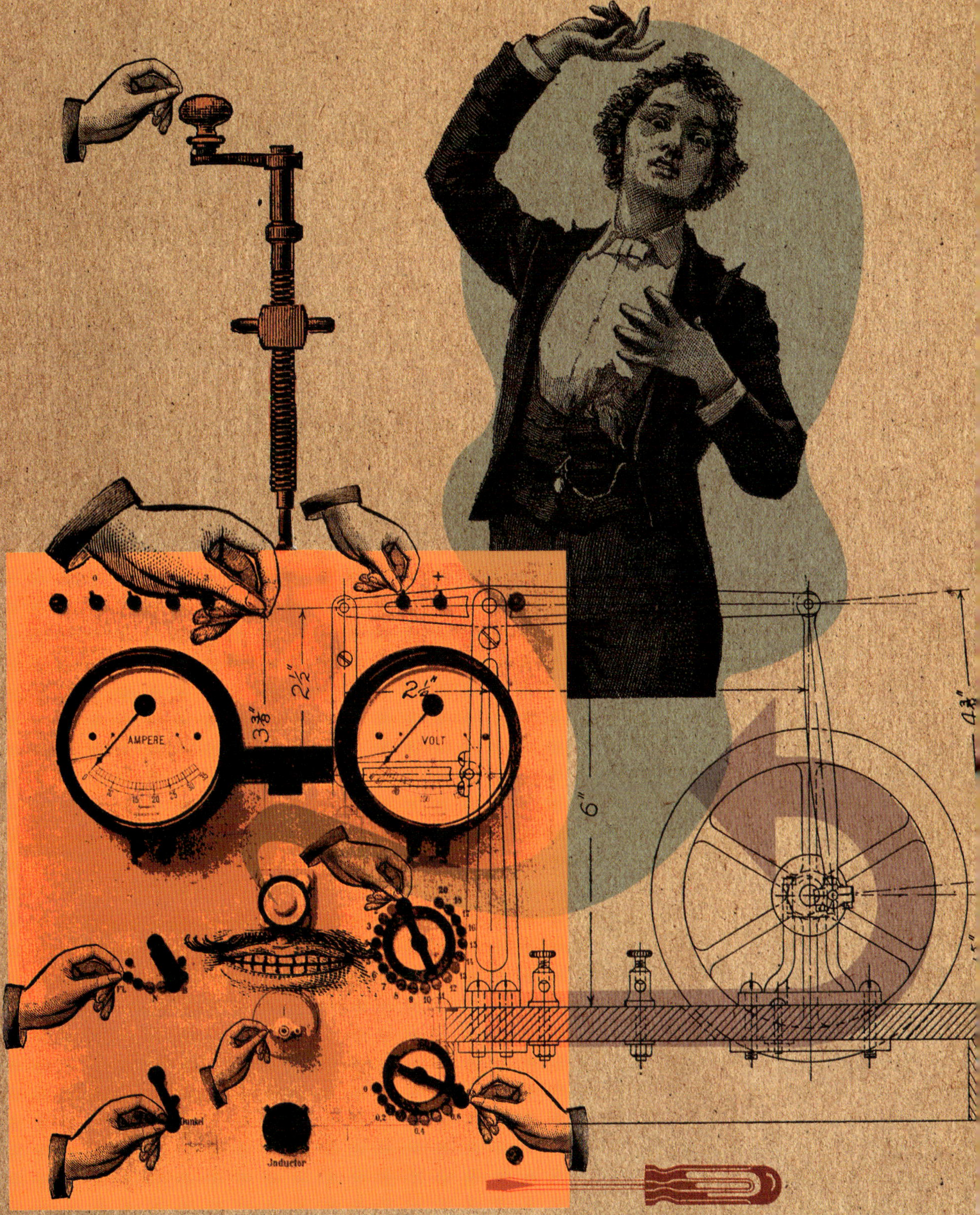
AMPERE
VOLT
Dunkel
Inductor

ÉTICA E FILOSOFIA POLÍTICA

ÉTICA E FILOSOFIA POLÍTICA
GLOSSÁRIO

alienação A separação de aspectos do mundo humano que deveriam estar unidos, de acordo com Karl Marx e muitos outros. Para Marx, por exemplo, um trabalhador perde algo de si mesmo ao tornar-se apenas mais uma parte mecânica de uma linha de produção. Ele é separado das satisfações de seu trabalho e distanciado dos frutos de seu esforço.

bom selvagem Um ser humano que não foi arruinado pelas influências corruptoras do governo e da sociedade, tal como vislumbrado por Jean-Jacques Rousseau e outros. O bom selvagem é pacífico, inocente e possuidor de uma espécie de dignidade natural que o torna o contrário dos violentos brutos imaginados por Thomas Hobbes.

caráter A natureza moral de uma pessoa, as partes moralmente relevantes da personalidade de um indivíduo. Para Aristóteles, viver uma vida moral envolve não apenas fazer o que é certo – como talvez quisesse um utilitarista –, mas também cultivar um caráter virtuoso, ser uma boa pessoa.

contrato social Um acordo, implícito ou não, imaginado por filósofos políticos como uma tentativa de explicar o vínculo entre a obrigação política, o consentimento do governado e o poder do Estado.

estado de natureza Uma época irreal, antes que houvesse governo ou em sua ausência. Alguns teóricos políticos especulam sobre o estado de natureza como uma forma de determinar para que serve o governo, tentando imaginar seres humanos que vivem sem ele.

hedonismo Doutrina segundo a qual o objetivo ou meta principal da vida é o prazer. Há hedonistas psicológicos que afirmam que os humanos apenas desejam o prazer, e filósofos morais que afirmam que o prazer é o que devemos desejar, que o prazer tem um valor moral.

imperativos Immanuel Kant imaginava que imperativos, ou regras para a ação, nos orientam de duas maneiras. Imperativos hipotéticos nos dizem o que fazer se queremos atingir uma meta qualquer. Imperativos categóricos nos dizem o que devemos fazer, independentemente das consequências. Para Kant, as exigências da moralidade só podem ser de natureza categórica.

intuições morais As reações interiores que podem colocar a pessoa a caminho da conclusão de que uma ação, uma pessoa ou algo similar é moralmente certo ou errado. Os filósofos às vezes são guiados por suas intuições morais quando estão tentando avaliar os méritos de teorias morais concorrentes.

materialismo histórico Doutrina criada por Karl Marx e Friedrich Engels que vê a história humana como determinada por – e dependente de – como os seres humanos produzem as exigências materiais da vida.

meio-termo O meio virtuoso entre dois extremos. Para o aristotélico, um caráter virtuoso está relacionado com a ação que se encontra no meio do caminho entre dois gêneros de vícios: de um lado, o excesso, e de outro, a insuficiência. Por exemplo, a pessoa virtuosa demonstra coragem por manter-se no meio-termo entre o excesso da temeridade e a insuficiência da covardia.

modo de produção Para Karl Marx, a forma como a sociedade organiza e assegura suas necessidades básicas, mercadorias etc. O modo de produção é uma enorme teia de trabalhadores, ferramentas, matérias-primas e relações socioeconômicas de natureza geral que, ele imaginava, influencia substancialmente o tipo de vida, o tipo de "consciência" que caracteriza cada época.

A ÉTICA DE ARISTÓTELES

A primeira regra de Aristóteles

para ser uma boa pessoa é que não há regras. Ser bom diz respeito a desenvolver seu caráter de modo que você esteja inclinado a fazer a melhor coisa em cada situação. Ou seja, ser bom não tem a ver com a interiorização de algum manual moral. Os seres humanos são criaturas de hábitos e, assim como é por meio do treino que alguém se torna um bom músico, é fazendo coisas virtuosas que nos tornamos pessoas virtuosas. Mas o que é a virtude? É viver de acordo com nossas naturezas de animais racionais. Um bom cachorro é bom fazendo coisas de cachorro, e uma boa pessoa é boa fazendo coisas humanas, em especial pensar, porque essa é a única coisa que podemos fazer que nenhum outro ser vivo também pode. Podemos ser conduzidos às ações corretas se abrirmos mão da ideia de que bem e mal são opostos e, em vez disso, imaginarmos o bem como algo situado em um "meio-termo" entre extremos de excesso e deficiência. Por exemplo, a coragem se situa entre o excesso da temeridade e a deficiência da covardia; a generosidade, entre a avareza e a prodigalidade; a gentileza, entre o excesso da indiferença para com os outros e a deficiência da complacência. Contrariamente a como a moralidade é muitas vezes concebida, a ética de Aristóteles trata de mais coisas do que apenas ser bom – ela é um roteiro para viver bem.

REFLEXÃO
Não há um lado sombrio e um lado luminoso da força; existem dois extremos sombrios e um meio luminoso.

PENSAMENTO
A abordagem aristotélica da ética foi retomada nas últimas décadas sob o nome de "ética da virtude". Um desafio que se coloca a ela diz respeito à importância central do caráter. A preocupação é que a ideia seja circular: nós sabemos qual a coisa certa a fazer porque é isso que uma pessoa de bom caráter faria; mas como saber se uma pessoa é de bom caráter moral? Por causa do que ela faz?

TEMA RELACIONADO
ESTADOS DE NATUREZA E O CONTRATO SOCIAL
p. 84

DADOS BIOGRÁFICOS
ARISTÓTELES
384-322 a.C.

CITAÇÃO
Julian Baggini

Fazer a coisa certa não é apenas uma questão de seguir regras, mas de atingir o equilíbrio correto, de acordo com as circunstâncias nas quais você se encontra – tanto boas quanto ruins.

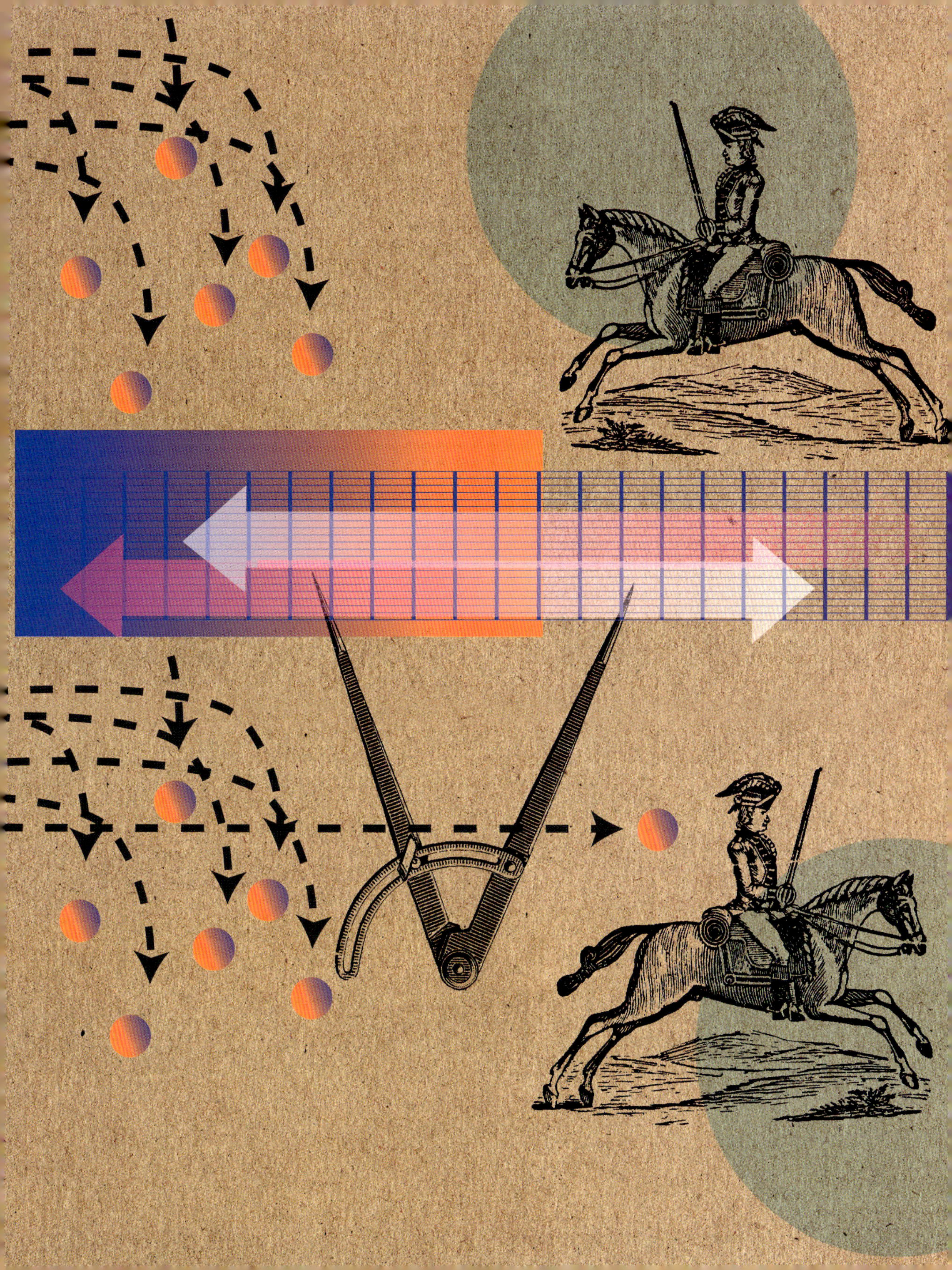

ESTADOS DE NATUREZA E O CONTRATO SOCIAL

Thomas Hobbes e Jean-Jacques Rousseau tinham ideias muito diferentes acerca da natureza essencial dos seres humanos. Hobbes argumentava que, sem o efeito civilizatório da sociedade, nossas vidas seriam solitárias, pobres, sórdidas, brutas e curtas, passadas em meio a um medo constante e sob o risco de uma morte violenta. Rousseau, por outro lado, era muito mais otimista: em um estado de natureza, os seres humanos são "bons selvagens" que vivem uma existência solitária e pacífica, preocupados sobretudo com a satisfação de suas necessidades imediatas. Essa diferença ganha expressão na maneira como esses dois homens enxergavam a sociedade civil e política. Para Hobbes, a civilização é uma precondição para vidas dignas. É apenas por meio da assinatura de um "contrato social", transferindo assim alguns de nossos direitos naturais a uma autoridade absoluta (um Leviatã), que é possível evitar uma guerra de todos contra todos. Rousseau também pensava que um contrato social era necessário, mas seu raciocínio era diferente. Ele argumentava que a civilização é a fonte original de nossos problemas. Os direitos de propriedade, sagrados na sociedade civil, geram desigualdade e todos os inevitáveis vícios que a acompanham. Só superaremos o egoísmo e a devassidão moral que são consequências da civilização quando as pessoas aceitarem a autoridade da "vontade geral" da população.

REFLEXÃO
Se você crê que os seres humanos são corruptos e devassos e que convivemos graças ao efeito civilizatório da sociedade, então está com Hobbes; se pensa que nossa natureza é boa, mas que somos corrompidos por forças sociais malignas, está com Rousseau.

PENSAMENTO
A maioria das formas modernas de conservadorismo é, em grandes linhas, hobbesiana – os conservadores tendem a desconfiar de que seja possível criar sociedades mais harmoniosas alterando os arranjos políticos e sociais existentes. O pensamento de esquerda, ao contrário, é mais esperançoso. A maioria dos socialistas é atraída pela ideia de que, se você consertar a sociedade, também vai consertar as pessoas.

TEMAS RELACIONADOS
A ÉTICA DE ARISTÓTELES
p. 82

O UTILITARISMO DE MILL
p. 90

DADOS BIOGRÁFICOS
THOMAS HOBBES
1588-1679

JEAN-JACQUES ROUSSEAU
1712-1778

CITAÇÃO
Jeremy Stangroom

Comportamentos monstruosos são algo natural ou criado pela sociedade? Talvez a resposta dependa de conceber a sociedade como parte da natureza ou algo separado dela.

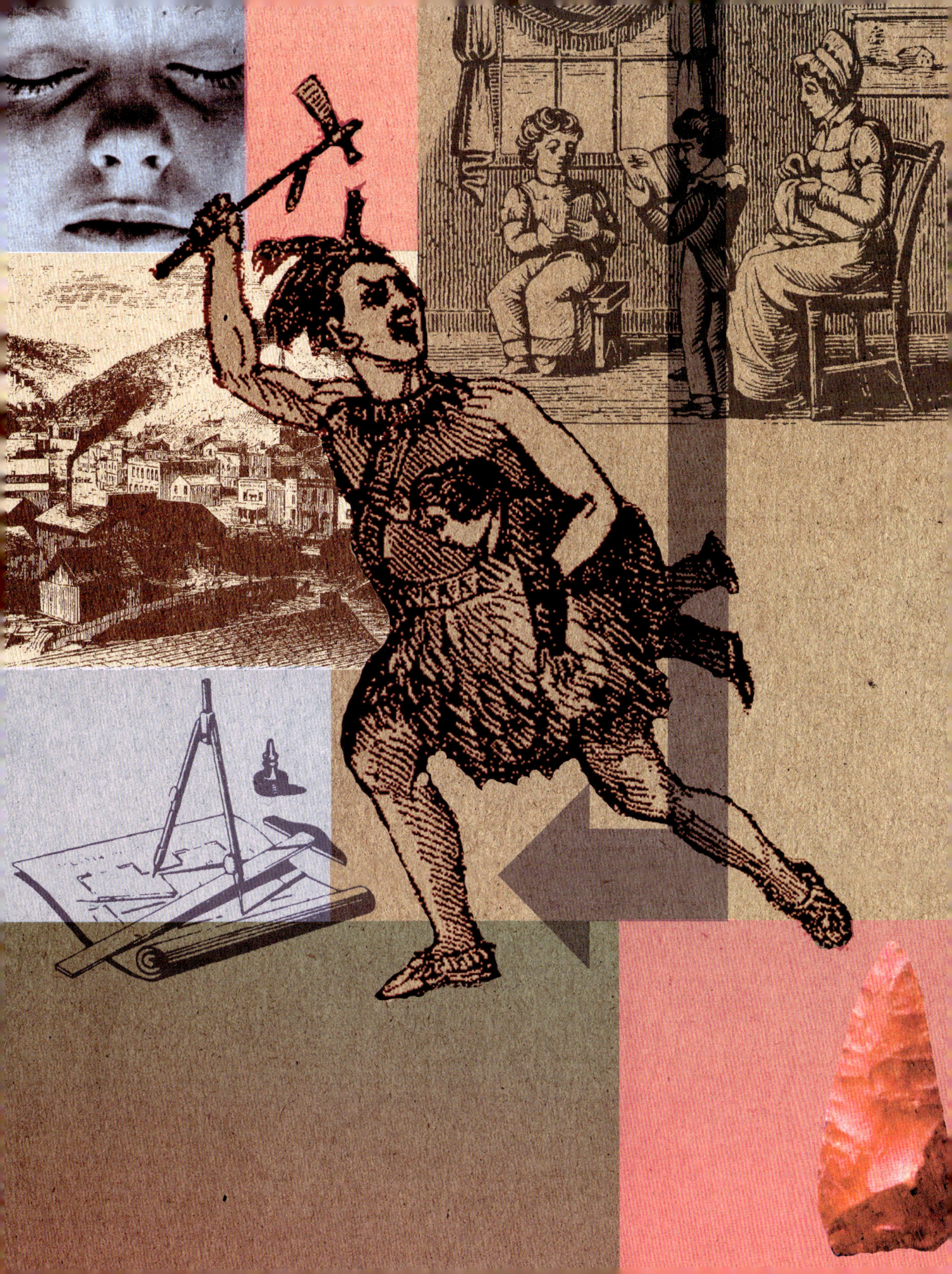

O IMPERATIVO CATEGÓRICO DE KANT

A coerência é um elemento central para a moralidade. Se eu acho que mereço certo tipo de tratamento, então outros em minha situação também têm direito a esse mesmo tratamento. O filósofo alemão Immanuel Kant argumentava que a coerência estará garantida se seguirmos o seguinte imperativo categórico: "Só aja de acordo com uma máxima que você pode, ao mesmo tempo, desejar que se torne uma lei universal". Se sua regra ou máxima pudesse ser seguida por todos de forma coerente, então você não correria nenhum risco de estar agindo errado. Suponha que você esteja pensando em tomar dinheiro emprestado com a promessa de devolvê-lo, mesmo sabendo que nunca vai conseguir fazê-lo. A regra que você está pensando em seguir pode ser esta: "Faça uma promessa falsa se isso atende a seus interesses". Se essa regra se tornasse uma lei universal da natureza, algo que fosse seguido automaticamente por todos na mesma situação que você, esse mundo seria um mundo coerente (isto é, moral)? Bem, ninguém nunca acreditaria em promessas, de modo que seria impossível prometer e, por conseguinte, você nem mesmo conseguiria fazer uma falsa promessa. Assim, a regra que você está cogitando seguir não está de acordo com a lei moral. Logo, quebrar promessas é errado.

REFLEXÃO
Se sua mãe algum dia tentou colocar você na linha perguntando "E se todo mundo fizesse isso?", ela é uma kantiana!

PENSAMENTO
É possível dar razão a Kant, mas ainda ficar pensando no que fazer quando nossos deveres morais entram em conflito. Suponha que eu perceba que quebrar promessas é errado. Devo interromper o atendimento médico de emergência que estou dando a alguém porque prometi a um amigo que o encontraria para tomar cerveja? Meu dever de ajudar alguém em uma situação de necessidade se sobrepõe a meu dever de cumprir promessas? É provável que às vezes sim, mas não é fácil perceber, na visão de Kant, por que é assim.

TEMAS RELACIONADOS
O UTILITARISMO DE MILL
p. 90

O PROBLEMA DO BONDE
p. 94

DADOS BIOGRÁFICOS
IMMANUEL KANT
1724-1804

CITAÇÃO
James Garvey

Mentir para seu banco é uma boa coisa a se fazer? A resposta é não – caso contrário, o banco vai pensar que é uma boa ideia mentir para você também.

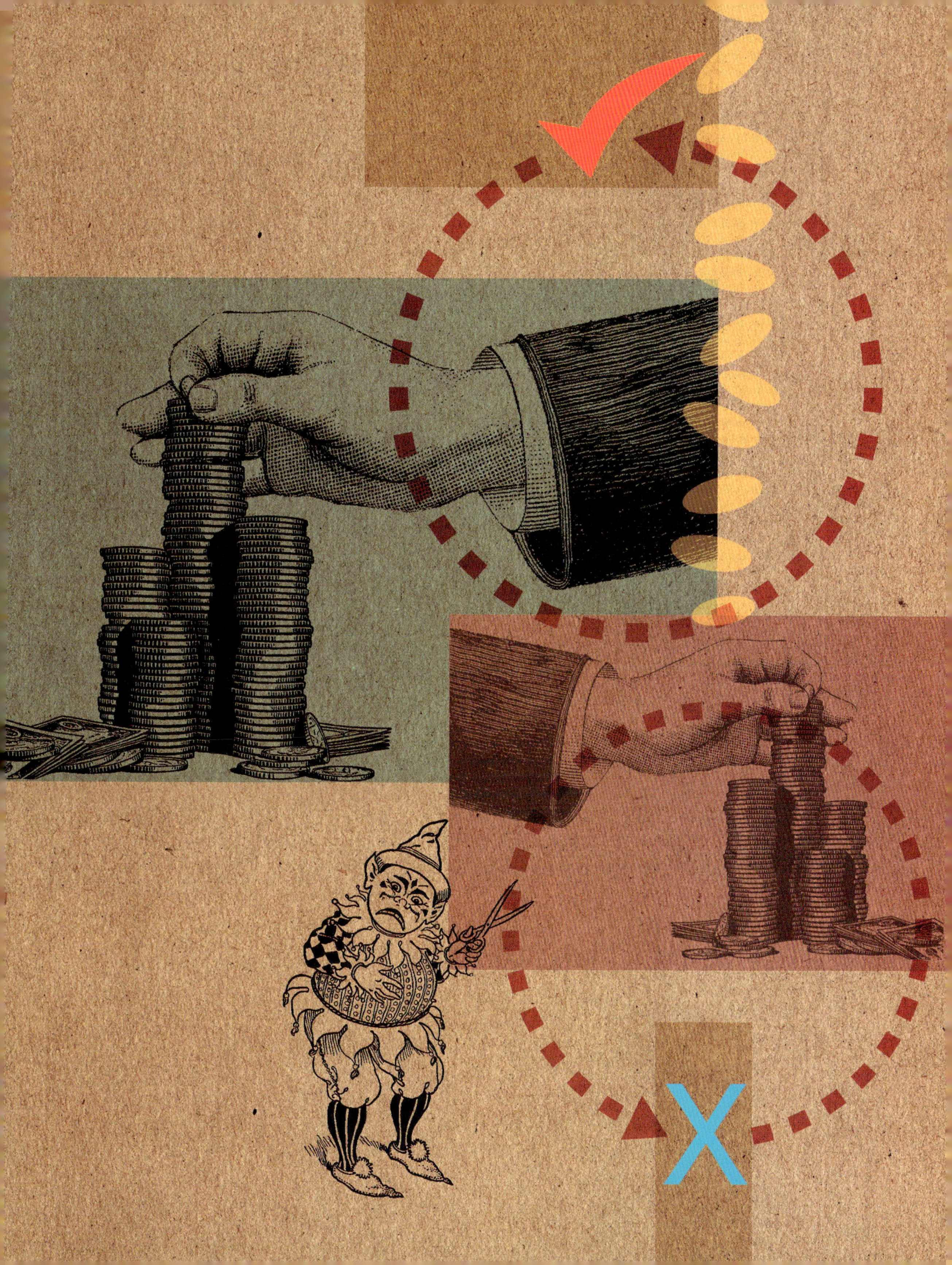

1724
Nasce em Königsberg, Prússia

1740
Ingressa na Universidade de Königsberg

1755
Começa a lecionar na mesma universidade

1755
Torna-se professor de lógica e metafísica

1781
É publicada a *Crítica da razão pura*

1788
É publicada a *Crítica da razão prática*

1790
É publicada a *Crítica da faculdade do juízo*

1797
Aposenta-se da universidade

1804
Morre

IMMANUEL KANT

Por volta de seus 46 anos,

Immanuel Kant era professor na Universidade de Königsberg, um estudioso renomado, com publicações no campo da astronomia e conquistando uma reputação próspera como filósofo. A década seguinte, no entanto, foi de isolamento e silêncio – Kant levou uma vida de tal regularidade que até se diz que os habitantes de Königsberg podiam acertar seus relógios pelo horário de suas caminhadas vespertinas. O resultado dessa década de silêncio foi a publicação, em 1781, da *Crítica da razão pura*, amplamente considerada uma das maiores obras da história da filosofia.

Kant nasceu em Königsberg, na Prússia, em 1724, o quarto dos onze filhos de Johann Georg Kant, um artesão alemão, e Anna Regina Porter. Ele passou toda a vida em Königsberg, nunca tendo viajado uma distância de mais de 80 km de sua cidade natal. Sua educação escolar não teve nada de espetacular, mas seu desempenho foi bom o suficiente para que ele ingressasse na Universidade de Königsberg aos 16 anos de idade. Ali ele foi apresentado pela primeira vez à filosofia e passou os dez anos seguintes estudando e atuando como tutor, antes de se tornar professor em sua *alma mater* em 1755.

O paroquialismo da vida de Kant contrasta fortemente com a amplitude de suas preocupações filosóficas. Além da *Crítica da razão pura*, que estabeleceu os elementos fundamentais de sua epistemologia e metafísica, ele escreveu duas obras brilhantes da filosofia moral, a *Fundamentação da metafísica dos costumes* e a *Crítica da razão prática*, publicadas, respectivamente, em 1785 e 1788, e mais um importante tratado da estética, a *Crítica da faculdade do juízo*, de 1790, seu último grande trabalho.

A importância da obra de Kant só veio a ser propriamente apreciada por seus contemporâneos quando ele estava quase no fim da vida. Entretanto, já à época de sua morte, em 1804, estava começando a ficar claro que seu argumento de que a mente assume um papel ativo na constituição do mundo empírico viria a ser exatamente aquela revolução copernicana na filosofia que ele havia reivindicado.

O UTILITARISMO DE MILL

A afirmação central da teoria utilitarista de John Stuart Mill é a de que ações são certas na medida em que tendem a promover a felicidade, e erradas na medida em que produzem infelicidade, sendo que felicidade significa prazer e infelicidade significa dor. Um ponto crucial aqui é que Mill está falando de felicidade agregada, ou a maior felicidade possível do maior número possível de pessoas. Contudo, Mill não estava contente com essa formulação, uma vez que ela deixava aberta a possibilidade de que pudesse ser melhor passar a vida ocupando-se de atividades hedonistas, em vez de tomar parte nos frutos da civilização humana. Consequentemente, ele introduziu a ideia de que certos tipos de prazer são melhores que outros. Escutar Mozart, por exemplo, é provavelmente um tipo melhor de prazer que tomar um sorvete. Ele justificava essa posição recorrendo à experiência: ninguém que experimentou tanto prazeres elevados quanto prazeres inferiores estaria disposto a trocar uma vida repleta dos primeiros por uma vida repleta dos últimos. Como ele dizia: "Nenhum ser humano inteligente aceitaria ser um tolo... embora ele se sinta persuadido a achar que o tolo, o imbecil ou o malandro está mais satisfeito com sua vida do que ele está com a dele".

REFLEXÃO
Uma ação é certa na medida em que ela tende a promover a felicidade, em especial se é o tipo certo de felicidade.

PENSAMENTO
Há várias questões difíceis relativas ao utilitarismo. Considere, por exemplo, que, se uma ação é certa na medida em que promove a maior felicidade possível do maior número possível de pessoas, então pode estar justificado torturar um ladrão no centro de um estádio de futebol, se isso significa que o público voltará feliz para casa. Além disso, os argumentos de Mill sobre prazeres elevados são suspeitos. O fato de que pessoas que experienciaram tanto Mozart quanto sorvete possam vir a preferir Mozart não parece ser um argumento moral, mas simplesmente uma questão de gosto individual.

TEMAS RELACIONADOS
O IMPERATIVO CATEGÓRICO DE KANT
p. 86

O PROBLEMA DO BONDE
p. 94

DADOS BIOGRÁFICOS
JOHN STUART MILL
1806-1873

CITAÇÃO
Jeremy Stangroom

De acordo com John Stuart Mill, é muito bom realizar uma audição pública de Mozart – mesmo se venderem sorvete no intervalo.

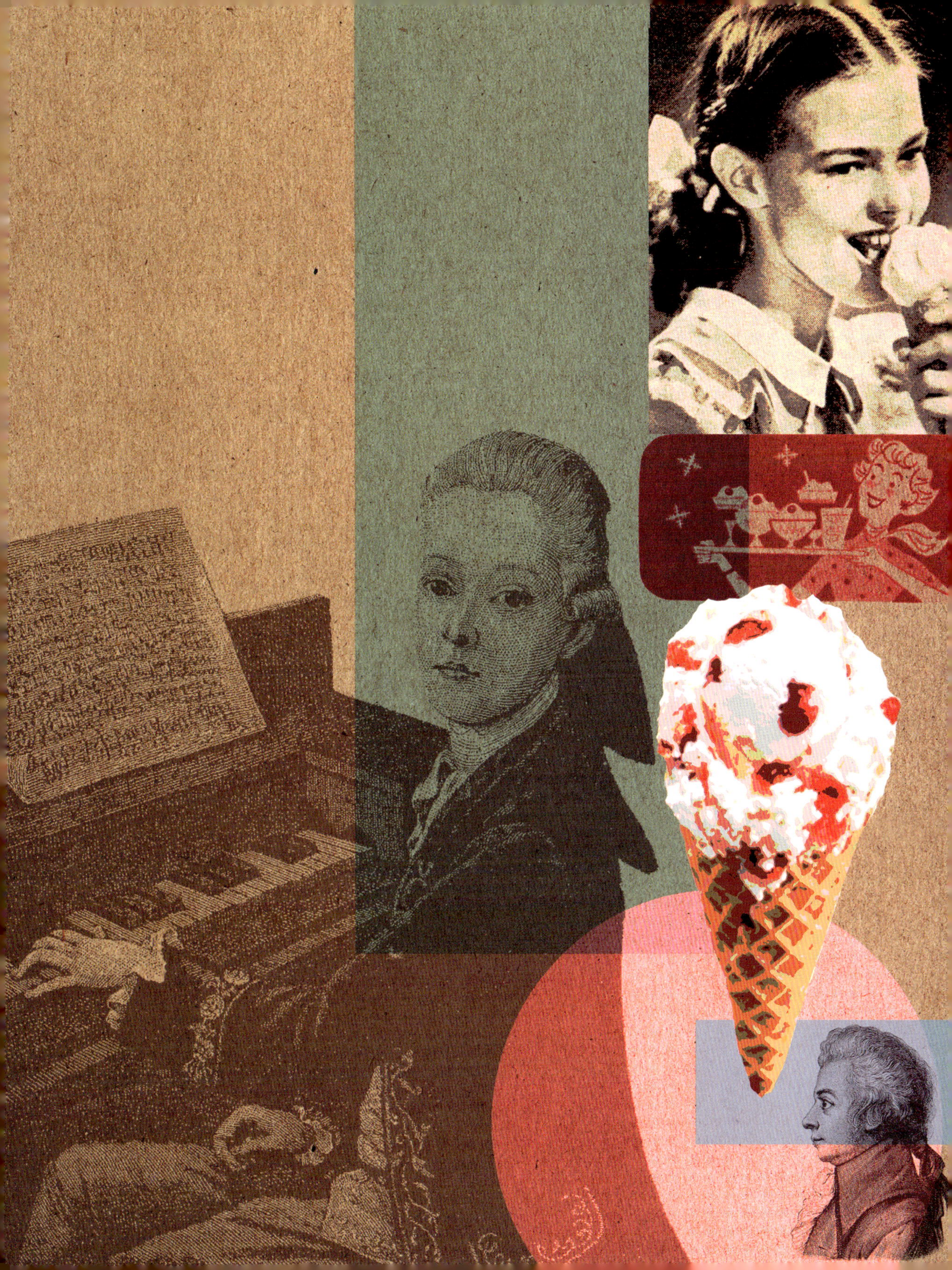

O MATERIALISMO HISTÓRICO DE MARX

A premissa fundamental do materialismo histórico de Karl Marx é que a sociedade assume uma forma que é determinada pela maneira segundo a qual a produção está organizada. Isso veio a significar uma divisão substancial entre aqueles que controlam os meios de produção (fábricas, maquinário, ferramentas e afins) e aqueles que não os detêm. Marx afirmava que o conflito entre os "que têm" e os "que não têm" sempre foi o motor da história. O modo mais avançado de organizar a produção é o capitalismo, o qual é caracterizado pela existência de duas grandes classes: a burguesia, os donos dos meios de produção, e o proletariado, que detém apenas sua própria força de trabalho. O proletariado é coagido a vender sua força de trabalho à burguesia para sobreviver. Seus membros gastam sua energia produtiva em benefício da classe que os explora. Essa dinâmica torna o capitalismo instável. O proletariado, consciente da realidade de sua situação, pode levantar-se e derrubar o sistema existente. Marx dizia que é inevitável que o capitalismo venha em algum momento a sucumbir sob o peso de suas próprias contradições. O destino histórico do proletariado é instituir uma nova forma de sociedade – o comunismo – baseada na propriedade coletiva. Quando isso acontecer, chegará ao fim, para o proletariado, a alienação do processo de trabalho e de sua humanidade essencial.

REFLEXÃO
A história da sociedade é a história do conflito entre duas grandes forças sociais (ou classes) opostas, que só cessará quando os trabalhadores do mundo se unirem, se livrarem de seus grilhões e abolirem o sistema capitalista.

PENSAMENTO
A ideia marxista de que o capitalismo será substituído por uma sociedade livre da desigualdade sistemática e do conflito não é muito plausível à luz dos eventos da história recente. Não apenas o capitalismo continua com toda sua força, mas os experimentos socialistas do século XX terminaram todos em fracassos. Além disso, os campos de concentração de Hitler e os *gulags* de Stalin tornam difícil acreditar que os seres humanos vão se tornar racionais e conscientes de si apenas porque as forças produtivas da sociedade passarão a ser de propriedade coletiva.

TEMAS RELACIONADOS
O IMPERATIVO CATEGÓRICO DE KANT
p. 86

O UTILITARISMO DE MILL
p. 90

DADOS BIOGRÁFICOS
KARL MARX
1818-1883

CITAÇÃO
Jeremy Stangroom

De acordo com Marx, a burguesia continuará brindando à saúde do diligente proletariado até que venha a revolução.

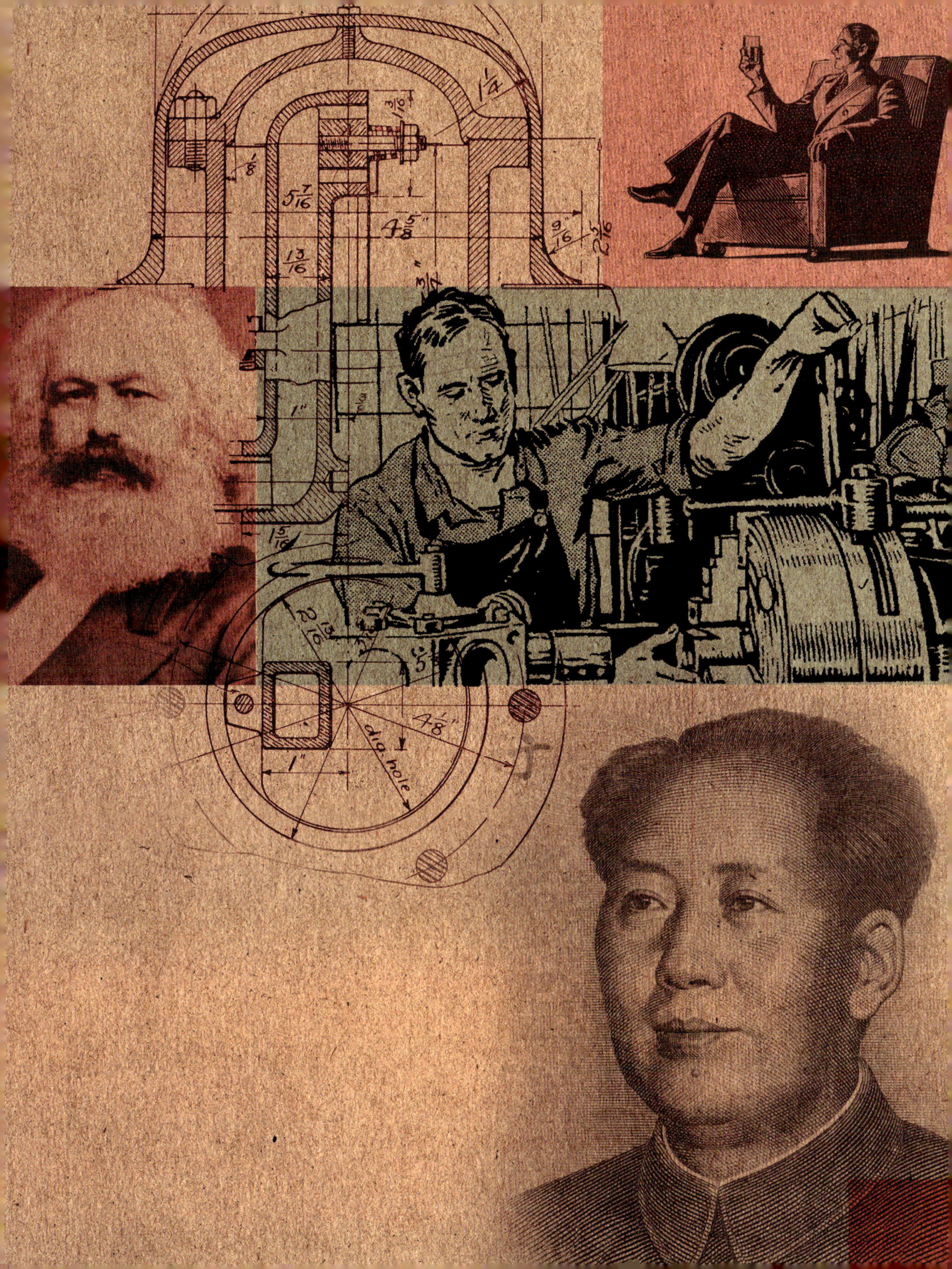
dia. hole

O PROBLEMA DO BONDE

O problema do bonde é um experimento mental criado para nos revelar algo sobre nossas intuições morais. Articulado pela primeira vez por Philippa Foot, sua forma básica é a seguinte: um bonde está fora de controle, e, em seu caminho, há cinco pessoas amarradas aos trilhos. Felizmente, é possível virar uma chave que desviará o bonde em segurança para trilhos diferentes. Infelizmente, porém, há uma pessoa amarrada a esses novos trilhos, e ela será morta se você virar a chave. O que você deve fazer? A maioria das pessoas diz que o certo é virar a chave. Se você é adepto da ética utilitarista, segundo a qual uma ação é certa na medida em que aumenta a felicidade geral, parece que você tem o dever de mudar o curso do bonde. No entanto, Judith Jarvis Thomson sugere uma variação interessante do problema do bonde, que mostra como nossas intuições utilitaristas não são de todo confiáveis. A situação imaginada é a mesma, salvo que dessa vez você está em uma ponte sob a qual o bonde vai passar, e um homem corpulento está em pé ao seu lado. A única maneira de salvar as cinco pessoas é jogá-lo da ponte, sobre os trilhos, fazendo assim com que o bonde pare. Essa é a coisa certa a fazer? O cálculo moral parece similar: uma pessoa é sacrificada a fim de salvar cinco. Mas dessa vez a intuição moral é diferente: as pessoas tendem a pensar que seria errado empurrar o homem da ponte.

REFLEXÃO
Se não há problema em desviar um bonde para que ele atropele apenas uma pessoa, em vez de cinco, por que não é assim quando se trata de empurrar um pedestre na frente de um bonde para salvar a vida das mesmas cinco pessoas?

PENSAMENTO
Duas coisas parecem estar em jogo nessas situações imaginadas. Primeiro, se desviamos o bonde, não estamos fazendo algo diretamente ao homem amarrado aos trilhos, como estaríamos se empurrássemos o homem de cima de uma ponte. Em segundo lugar, o homem amarrado aos trilhos já está envolvido nos eventos, ao passo que o homem sobre a ponte não está. Mas nenhuma dessas explicações é satisfatória: nossas respostas ao problema provavelmente têm mais a ver com a psicologia humana do que com um raciocínio estritamente moral.

TEMAS RELACIONADOS
O IMPERATIVO CATEGÓRICO DE KANT
p. 86

O UTILITARISMO DE MILL
p. 90

DADOS BIOGRÁFICOS
PHILIPPA FOOT
1920-2010

JUDITH JARVIS THOMSON
1929-

CITAÇÃO
Jeremy Stangroom

Parece que uma colisão ferroviária está prestes a acontecer. O que você pretende fazer? Qualquer que seja sua decisão, isso vai terminar mal.

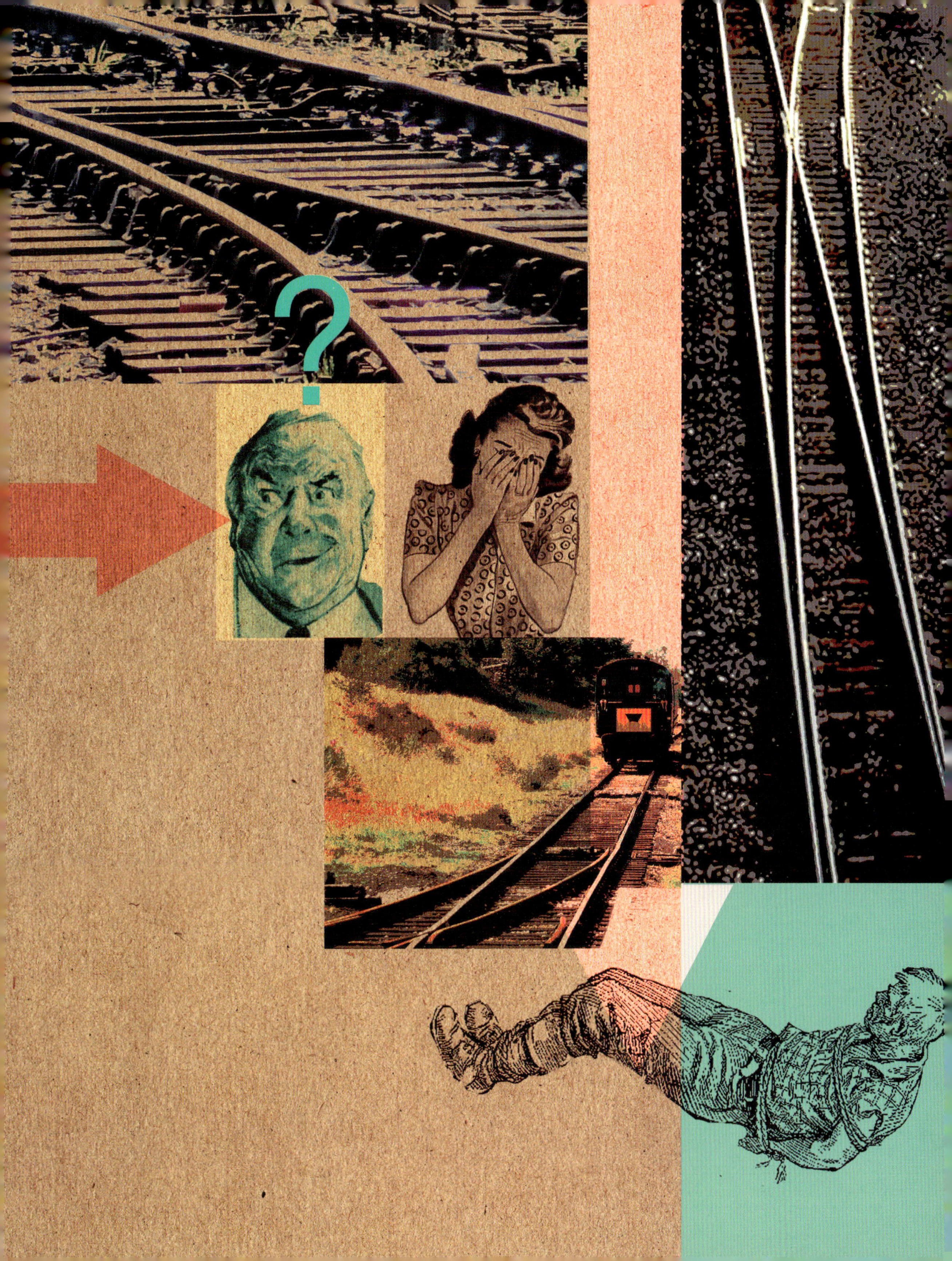

RELIGIÃO ◐

RELIGIÃO
GLOSSÁRIO

agnóstico Um indivíduo que suspende seu juízo acerca da questão da existência de Deus, talvez porque haja indícios de pesos iguais em ambos os lados da questão.

ateu Um indivíduo que nega a existência de Deus.

design Uma propriedade detectada em objetos naturais por aqueles que argumentam a favor da existência de Deus. Se as partes de um objeto exibem certo tipo de organização – parecem "cooperar para atingir um propósito" –, então alguns concluem que há uma inteligência, talvez uma inteligência divina, na raiz da existência desse objeto.

design inteligente Um movimento contemporâneo fundado em um argumento filosófico muito antigo a favor da existência de Deus chamado "o argumento teleológico" (do grego antigo *telos*, que significa meta ou fim). Pensadores modernos o chamam de "o argumento do design". Há uma infinidade de objeções.

Deus Uma deidade monoteísta, o tema da reflexão filosófica ligada à tradição judaico-cristã ocidental. Concebido filosoficamente, Deus é considerado o criador onisciente, onipotente e onibenevolente do Universo, possivelmente também o árbitro do certo e do errado. A filosofia da religião lida com argumentos a favor e contra a existência de Deus, com a caracterização da natureza de Deus, a epistemologia da crença em Deus e muito mais.

mal A abreviação filosófica para o sofrimento. Embora "mal" normalmente se refira à atividade humana perversa, a palavra, quando usada em debates sobre Deus, refere-se à dor e ao sofrimento em geral, e às vezes à causa do sofrimento. Uma dor de cabeça é uma espécie de mal, segundo esse uso. A existência do mal é um problema para o teísmo.

milagre De acordo com David Hume, um milagre é uma violação de uma lei da natureza pela intervenção de Deus. A base de seu ceticismo acerca dos milagres em geral é formada por uma comparação dos indícios disponíveis a favor da crença em um milagre, por um lado, e da crença em uma lei da natureza, por outro.

onibenevolência Um atributo divino interpretado como ser perfeitamente bom, justo ou amoroso. Existem questões, propostas pela primeira vez por Sócrates, acerca da relação entre a bondade e a bondade de Deus. O que é moralmente certo é um mandamento de Deus porque é moralmente certo, ou é moralmente certo porque é um mandamento de Deus? Ambas as possibilidades deixam o teísta insatisfeito.

onipotência Um atributo divino interpretado de diversas formas: ser capaz de fazer qualquer coisa, ser capaz de fazer qualquer coisa logicamente possível de ser feita, ser capaz de fazer qualquer coisa compatível com a natureza de Deus etc. Existem questões associadas à incoerência; por exemplo, Deus pode criar uma pedra tão pesada que mesmo Ele não consiga levantá-la? Há também problemas associados à existência de limites para o poder de Deus, em razão de sua bondade.

onisciência Um atributo divino interpretado de diversas formas: conhecer todas as verdades, conhecer tudo, ter acesso a todas as proposições verdadeiras, conhecer tudo que pode ser conhecido etc. Há implicações para a liberdade humana, pois, se Deus é onisciente, então Ele supostamente sabe o que qualquer um de nós pode fazer, mesmo antes de fazê-lo.

ontológico Que é do ser ou tem a ver com o ser, com o que existe. O argumento ontológico a favor da existência de Deus tenta mostrar que a existência está simplesmente embutida no conceito de Deus.

teísta Um indivíduo que acredita que Deus existe.

TOMÁS DE AQUINO E AS CINCO VIAS

São Tomás de Aquino é um

dos primeiros pensadores da tradição teísta ocidental a usar dados empíricos para persuadir os descrentes da existência de Deus. As cinco vias são cinco provas da existência de Deus, e cada uma delas começa com alguma verdade acerca do mundo que é difícil de ser negada por um descrente. Aquino então argumenta retrospectivamente, partindo dessa verdade para chegar à existência de Deus. Por exemplo, muitas das coisas ao nosso redor estão se movendo. Tudo que se move foi movido por outra coisa que também se move – nada se move espontaneamente. Aquino pensava que essa cadeia de coisas moventes não podia retroceder indefinidamente. O movimento ficaria emperrado em um regresso infinito e nada estaria se movendo agora. Mas é visível que as coisas estão se movendo, então deve haver, lá atrás, algum primeiro motor imóvel que coloca toda a cadeia em movimento. Esse, conclui Aquino, só pode ser Deus. Os outros quatro argumentos funcionam mais ou menos da mesma maneira. Por exemplo, reflexões acerca do fato de que todos os eventos têm uma causa remetem a uma causa primeira que dá o pontapé inicial do jogo causal, ao passo que refletir sobre os graus de perfeição remete à existência de um ente perfeito.

REFLEXÃO
Reflita sobre a existência de certas características indubitáveis de nosso mundo, e você concluirá que a existência de Deus também é indubitável.

PENSAMENTO
Uma das cinco vias ainda recebe alguma atenção – o argumento com base no design. Os proponentes do design inteligente ressaltam a ordem na natureza. Os olhos parecem feitos para a visão, as asas parecem feitas para voar e assim por diante. Já muito antes de Darwin, os críticos respondiam a isso, em parte, assinalando as várias falhas no design do Universo. De quem foi a ideia, afinal, de nos fazer respirar e beber pelo mesmo tubo? Um pequeno ajuste evitaria muitos casos de engasgamento.

TEMA RELACIONADO
O ARGUMENTO ONTOLÓGICO DE ANSELMO
p. 102

DADOS BIOGRÁFICOS
SÃO TOMÁS DE AQUINO
1225-1274

CITAÇÃO
James Garvey

Alguém tinha que fazer essas bolas rolarem, não é mesmo?

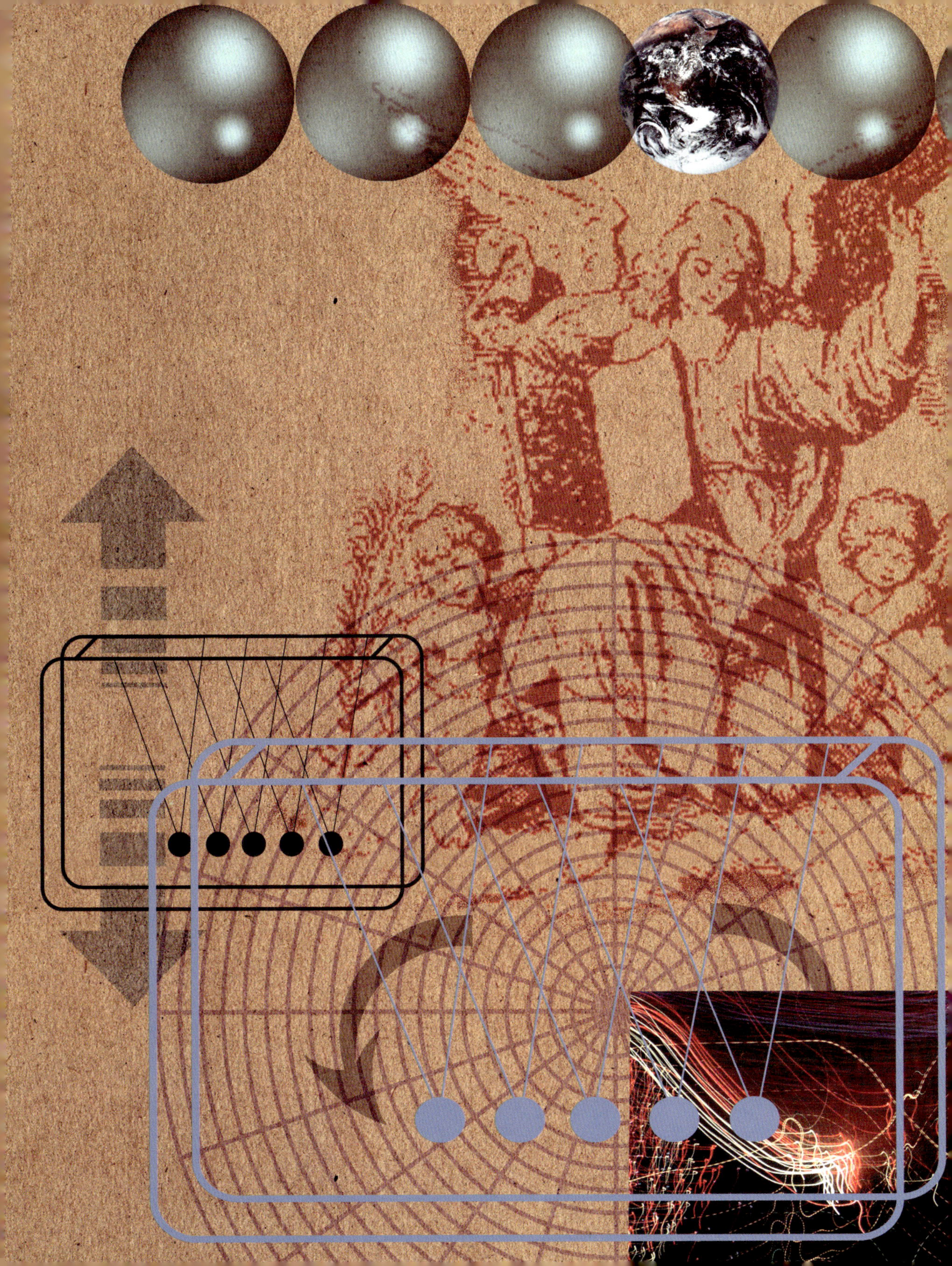

O ARGUMENTO ONTOLÓGICO DE ANSELMO

Anselmo de Cantuária, posteriormente Santo Anselmo, acreditava que o mero uso da razão tornava possível mostrar que Deus existe, que a alma humana é imortal e que as Escrituras não contêm erros. A maioria dos argumentos que ele empregou com esses fins já não tem mais nenhum interesse. Sua prova ontológica, no entanto, continua a ser uma questão importante para a filosofia moderna. Ela é mais ou menos assim: (1) Deus é definido como "aquilo de que não se pode conceber nada maior". (2) É possível que coisas que existem na mente – por exemplo, a ideia de Deus – existam também na realidade. Aqui há duas possibilidades: Deus existe apenas na mente, ou Deus existe na mente e na realidade. (3) Se algo existe na mente e na realidade, isso é maior que qualquer coisa que exista apenas na mente. (4) Nós já definimos Deus como "aquilo de que não se pode conceber nada maior". Entretanto, se Deus só existe na mente, nós podemos conceber algo maior, a saber, um Deus que existe na mente e na realidade. Por conseguinte, Deus não pode existir apenas na mente. (5) Prontinho! Segue-se assim que Deus existe – tanto na mente quanto na realidade.

REFLEXÃO
Se Deus existisse apenas na mente, Ele não seria um Deus de verdade; uma vez que um Deus que não é um Deus de verdade não é um Deus, Ele tem que existir também na realidade.

PENSAMENTO
A prova ontológica de Anselmo deu origem a uma massiva literatura. Isso não é surpreendente, uma vez que o argumento é ao mesmo tempo sedutor e certamente falso. Uma das primeiras críticas a ele foi apresentada pelo monge Gaunilo, um contemporâneo de Anselmo que mostrou que um argumento similar podia ser empregado para qualquer entidade. Nós podemos conceber uma cadeira perfeita. Uma cadeira perfeita deve ser mais perfeita na realidade que na mente. Logo, existe uma cadeira perfeita. Contudo, talvez ela não esteja em uma liquidação da IKEA.

TEMA RELACIONADO
TOMÁS DE AQUINO E AS CINCO VIAS
p. 100

DADOS BIOGRÁFICOS
ANSELMO DE CANTUÁRIA
1033-1109

CITAÇÃO
Jeremy Stangroom

Se Deus não existisse, nós teríamos que inventá-lo – e assim que o fizéssemos, nós o traríamos à existência.

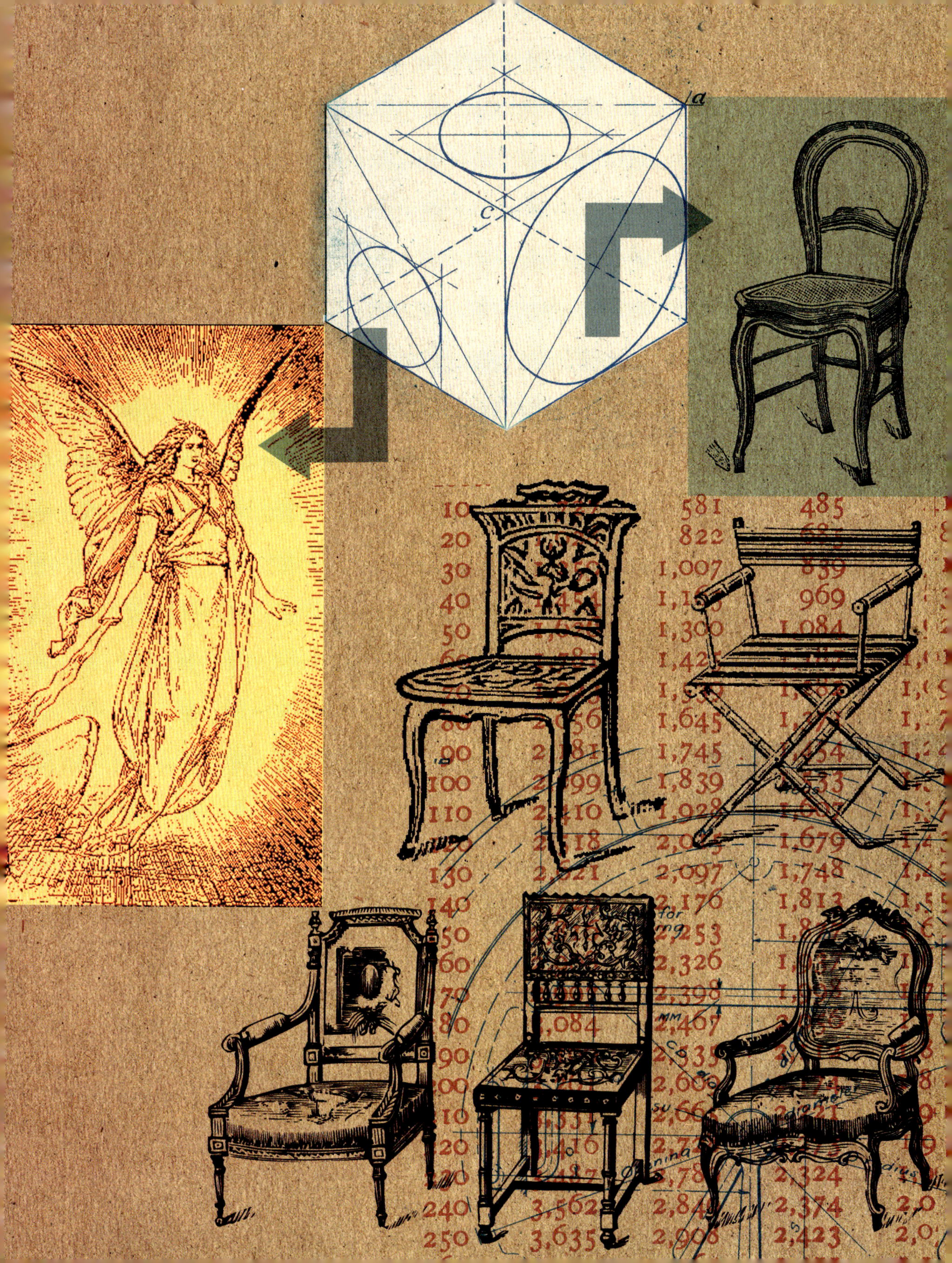

1225
Nasce em Roccasecca, próxima a Nápoles

1231
Ingressa na escola da abadia em Monte Cassino

1239
Começa seus estudos na Universidade de Nápoles

1244
Integra a Ordem Dominicana

1250
É ordenado padre

1252
Ingressa na Universidade de Paris para obter o grau de mestre

1262
Completa sua obra-prima *Summa contra Gentiles*

1270-73
Progride no trabalho para a *Summa Theologiae*

1273
Para subitamente de trabalhar na *Summa Theologiae*

1274
Morre a caminho do Segundo Concílio de Lyon

TOMÁS DE AQUINO

Em 1244, aos 20 anos de idade, Tomás de Aquino, que mais tarde viria a ser canonizado e celebrado como um dos maiores teólogos da história, foi admitido na ordem dos frades dominicanos, a qual rapidamente ordenou que ele partisse de sua Itália natal para Paris, onde poderia continuar seus estudos. Isso irritou bastante sua grande família aristocrática, que esperava que ele se tornasse o abade de Monte Cassino. Desse modo, eles orquestraram seu sequestro durante a viagem e depois o arrastaram de volta à sua cidade natal, Roccasecca, próxima a Nápoles, onde o mantiveram preso por mais de um ano. No entanto, ele finalmente recebeu a permissão de voltar para os dominicanos e então viajar para Paris, fato ocorrido depois de ter demonstrado sua devoção ao afugentar uma prostituta que havia sido contratada por seu irmão para tentá-lo e afastá-lo de seu caminho divino.

De Paris, Aquino mudou-se para Colônia, onde foi ordenado padre, antes de retornar a Paris a fim de começar um mestrado em teologia na universidade, na qual lecionou após 1256, quando obteve o grau de mestre. Aquino passou a maior parte do resto de sua vida viajando entre instituições eruditas da França e da Itália. Embora tenha morrido ainda jovem, pouco depois de completar 49 anos de idade, ele produziu uma obra estupendamente grande – muitos milhões de palavras, dizem.

Essa avalanche de texto, que resultou em obras-primas como a *Summa contra Gentiles* e a *Summa Theologiae*, cessou abruptamente após a missa do dia de São Nicolau em 1273, com a seguinte declaração de Aquino: "Tudo que escrevi parece-me palha comparado ao que acaba de ser revelado a mim". Alguns meses mais tarde, quando estava a caminho de um concílio eclesiástico, ele acabou batendo a cabeça em um tronco saliente de uma árvore e caindo de seu burro. Morreu pouco tempo depois na abadia cisterciense de Fossanova.

O ENIGMA DE EPICURO

É possível chegar à conclusão de que a existência do mal é incompatível com a existência de um Deus onisciente, onipotente e onibenevolente. Se algo deve ser rejeitado, é a existência de Deus, pois o que não podemos negar é o fato de que existe mal no mundo. Talvez a primeira formulação disso, o chamado "problema do mal" para o teísmo, seja de autoria de Epicuro, um filósofo da Grécia antiga. Não sabemos exatamente o que Epicuro disse – todas as informações de que dispomos vêm de relatos de comentadores antigos –, mas sabemos que ele não estava exatamente argumentando pelo ateísmo. Seu objetivo geral era eliminar o medo das vidas humanas, e uma grande fonte de temor à sua época era o medo dos deuses. Você nunca sabia se estava na sua hora de receber um belo castigo. Mas, dada a existência do mal (ou melhor, do mal imerecido), parecia que os deuses não tinham muito a fazer com as vidas humanas. O enigma é mais ou menos assim: ou os deuses querem fazer algo a respeito do mal e não podem, ou eles podem e não fazem. Desse modo, ou eles são impotentes, portanto nada com o que devamos nos preocupar, ou perversos, e portanto não são realmente deuses.

REFLEXÃO
Por que coisas ruins acontecem a pessoas boas?

PENSAMENTO
Há muitas respostas teístas ao problema do mal. Alguns argumentam que a existência do mal é de alguma forma necessária, uma parte crucial do plano divino de Deus. Talvez Deus coloque um pouco de mal no mundo para testar-nos, para dar-nos a chance de sermos virtuosos. Outros chamam a atenção para o fato de que alguns males são avassaladores, um teste no qual estamos fadados a fracassar. Seja como for, não seria mais fácil se Deus simplesmente nos tivesse feito virtuosos?

DADOS BIOGRÁFICOS
EPICURO
341-270 a.C.

CITAÇÃO
James Garvey

Como deuses justos permitem que o mal exista? Essa é uma boa pergunta, mas seja educado ao fazê-la, caso eles estejam dispostos a fazer umas maldades contra você.

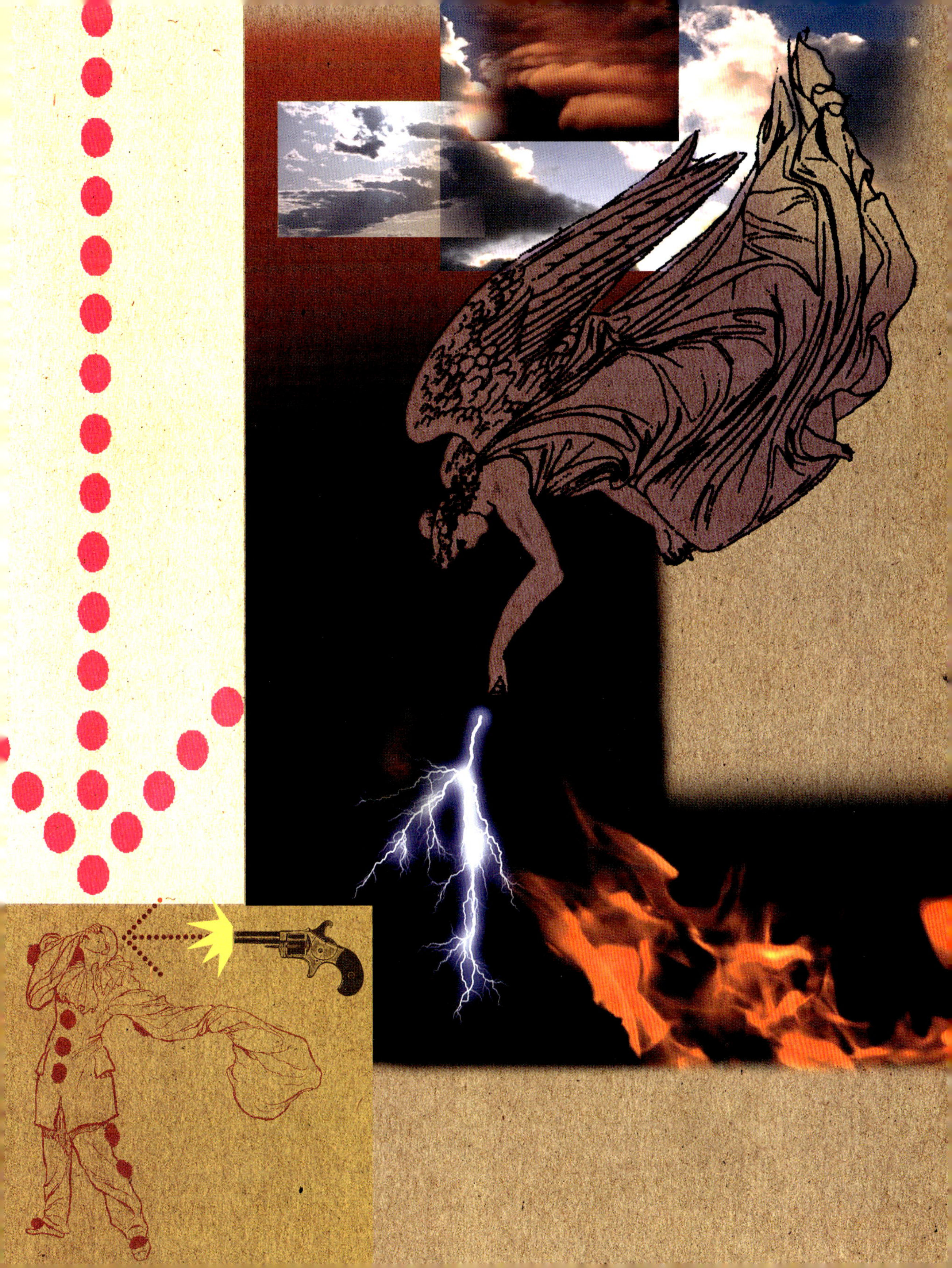

O RELOJOEIRO DE PALEY

Imagine que você esteja

caminhando por uma praia e encontre um relógio na areia. Você sabe que algo tão complicado e intricado não poderia ser um produto do acaso. O quebrar das ondas na costa nunca poderia ter resultado em algo parecido com isso. Então você conclui que ele foi feito por alguém, com habilidade e cuidado. Agora considere o Universo. Ele é muito mais complicado que um relógio, de modo que a probabilidade de ter sido criado pelo acaso é ainda menor. Então deve existir um equivalente do relojoeiro – um criador divino, Deus. Esse era o argumento de William Paley, de fato muito ruim. Antes de mais nada, nós sabemos que tipo de coisa são os relógios e de onde eles vêm, de modo que é claro que um relógio sugere que há um relojoeiro. Mas, como notou David Hume, não temos ideia de que tipos de coisas criam universos – a experiência não tem nada a dizer sobre isso. E, pior ainda, sabemos que há na natureza uma infinidade de coisas que não são construídas, mas crescem: galinhas vêm de ovos, não de oficinas. O que é mais fatal, porém, é que a teoria da evolução de Darwin explica o surgimento da vida complexa sem um engenheiro divino. Assim, por mais plausível que pareça o argumento de Paley, já passou da hora de aposentar seu relojoeiro.

REFLEXÃO
O senso comum enfrenta Darwin – e perde.

PENSAMENTO
Os teóricos do design inteligente usam uma versão mais sofisticada do argumento de Paley. Eles sustentam que determinadas características de determinados organismos não poderiam ter evoluído por acaso, de modo que a melhor explicação para sua existência é o design divino. É verdade que o design inteligente é um tema controverso, mas seria falso dizer que a ciência está dividida em relação à questão. Existem duas posições possíveis, mas quase todos os biólogos acham que os indícios são muito mais favoráveis à seleção natural que ao design inteligente como uma explicação para a diversidade e a complexidade da vida na Terra.

TEMAS RELACIONADOS
O ARGUMENTO ONTOLÓGICO DE ANSELMO
p. 102

TOMÁS DE AQUINO E AS CINCO VIAS
p. 100

DADOS BIOGRÁFICOS
WILLIAM PALEY
1743-1805

DAVID HUME
1711-1776

CITAÇÃO
Julian Baggini

É claro que algo tão complexo como um relógio não surge de maneira espontânea – ou surge? Junte aleatoriamente suas peças e em algum momento elas vão se encaixar na ordem correta. Mas não se preocupe com o tempo – você precisará de um bocado dele.

FIG. 1.

A APOSTA DE PASCAL

Antes de se tornar um cristão devoto, o matemático do século XVII Blaise Pascal era um jogador. Ele foi o fundador da teoria da probabilidade e desenvolveu uma maneira de determinar o valor monetário de uma aposta com base nas probabilidades. Pascal afirmava: decidir-se a acreditar ou não em Deus é como uma aposta de jogo – uma aposta na proposição de que Deus existe. Se Deus existe, a consequência de acreditar nele é a felicidade eterna, ao passo que o inferno aguarda pelos ateus e agnósticos. Por outro lado, se Deus não existe, a consequência de acreditar nele é, na pior das hipóteses, viver uma vida correta e religiosa, ao passo que a consequência de não acreditar nele é continuar levando a vida da mesma forma. Pascal notou que, no caso de Deus existir, as consequências de não acreditar Nele são tão terríveis, e as consequências de acreditar Nele são tão boas, que, mesmo se alguém achasse que a probabilidade de Deus existir é muito pequena, ainda assim seria melhor apostar que Ele existe.

REFLEXÃO
Pascal afirmava ter provado que a aposta de acreditar em Deus é muito mais vantajosa que a de permanecer um agnóstico ou ateu.

PENSAMENTO
Uma dificuldade com o argumento de Pascal é a de que não é assim tão fácil simplesmente decidir em que acreditar e, em especial, acreditar em Deus, se na verdade a pessoa acha muito improvável que Deus exista. E mesmo se fosse possível fazer isso, não é óbvio que Deus (ao menos o Deus cristão) estaria inclinado a recompensar uma pessoa que veio a acreditar nele como resultado de uma aposta.

TEMA RELACIONADO
HUME CONTRA OS MILAGRES
p. 112

DADOS BIOGRÁFICOS
BLAISE PASCAL
1623-1662

CITAÇÃO
Barry Loewer

Deus não joga dados, e Ele provavelmente não se surpreenderia se você apostasse ou não em Sua existência.

1x1
1x2
1x3
1x4
1x5
1x6
1x6

HUME CONTRA OS MILAGRES

Você ouve relatos de que alguém estava levitando em Basingstoke, Inglaterra. Se verdadeiros, seria um milagre: alguém ou algo teria suspendido ou alterado as leis da natureza. Seria racional de sua parte acreditar nesses relatos? De acordo com Hume, não. Seu argumento consistia essencialmente em pesar probabilidades. Alguma vez já houve uma instância genuína, confirmada de um verdadeiro milagre? Não. Quando as pessoas afirmam que viram um milagre, elas frequentemente estavam mentindo ou se equivocaram? Sim. Então o que é mais provável nesse caso: que seja mais uma trapaça ou um equívoco, ou que dessa vez um milagre genuíno realmente tenha acontecido? É claro que é mais provável que seja mais um alarme falso. E esse é o caso, mesmo que você não consiga explicar como o "milagre" realmente funcionou. É ainda mais provável que haja alguma causa natural para o evento, que podemos ou não vir a descobrir um dia, do que as leis da natureza tenham sido realmente suspensas. A conclusão, por conseguinte, é que nunca há razões boas, racionais, para pensar que um milagre aconteceu. A fé pode conduzi-lo a acreditar em milagres, mas a razão nunca pode seguir esse exemplo.

REFLEXÃO
É sempre muito mais acreditável que relatos de milagres são inacreditáveis.

PENSAMENTO
É verdade que um milagre requer que as leis da natureza sejam quebradas? Deus não poderia, por exemplo, dispor as coisas de modo que o mar Vermelho se abra para permitir que os israelitas fujam por meios naturais, mas exatamente no momento certo? Talvez, mas para ajustar a coincidência dos eventos, em algum momento será necessário adulterar a sucessão de causas e efeitos, e isso ainda significaria uma interferência nas leis da natureza.

TEMA RELACIONADO
A APOSTA DE PASCAL
p. 110

DADOS BIOGRÁFICOS
DAVID HUME
1711-1776

CITAÇÃO
Julian Baggini

Você pode acreditar em milagres, mas, segundo David Hume, não há nenhuma razão para isso.

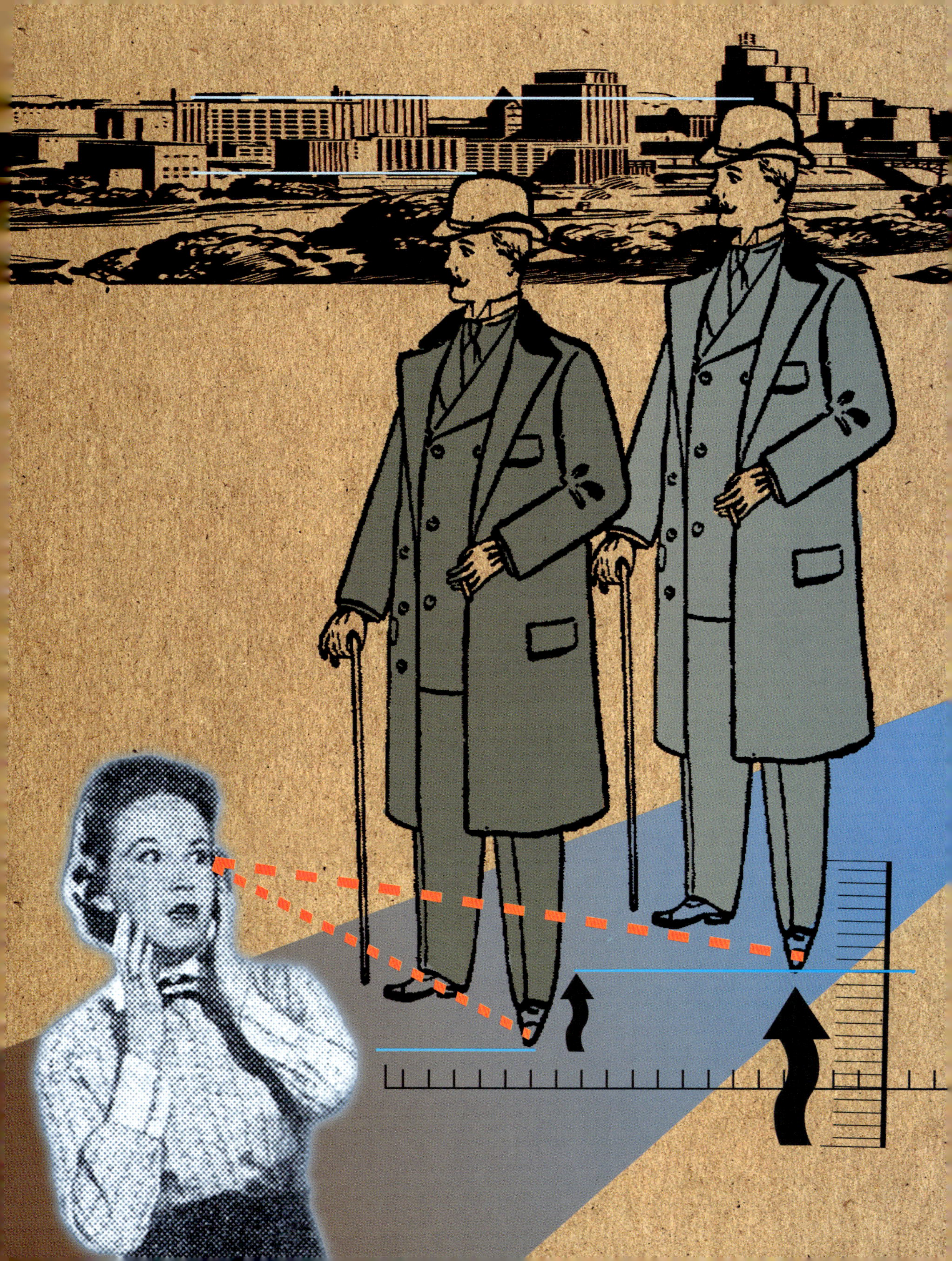

GRANDES MOMENTOS

GRANDES MOMENTOS
GLOSSÁRIO

a posteriori Termo latino que significa "do que é posterior". Os filósofos o utilizam para se referir ao conhecimento que se segue à experiência perceptiva ou depende da experiência para sua justificação.

a priori Termo latino que significa "do que é anterior". Os filósofos o utilizam para se referir ao conhecimento que antecede a experiência (o chamado conhecimento inato) ou, de forma menos controversa, ao conhecimento que não depende da experiência para sua justificação.

átomo Derivada da palavra do grego antigo *atomos*, que significa "que não pode ser cortado". Os atomistas sustentavam que tudo no Universo era composto de elementos minúsculos e indivisíveis, que se movimentam no vazio e colidem e se combinam para formar os objetos visíveis.

Bem Possivelmente a Forma máxima, segundo Platão. De acordo com muitos comentadores, Platão pensava que alguém só poderia ter sabedoria – alguém só poderia conhecer as outras Formas – depois de ter apreendido a Forma do Bem.

consciência indireta Nosso vínculo perceptivo precário com o mundo. Se estamos diretamente conscientes de representações internas, mentais de objetos no mundo exterior, isso quer dizer que estamos apenas indiretamente conscientes do mundo exterior.

epicurista Relacionado à filosofia de Epicuro, um atomista e hedonista da Grécia antiga, e talvez o primeiro empirista. Às vezes a palavra alude a uma incompreensão da teoria moral hedonista de Epicuro e significa, aproximadamente, "uma pessoa dedicada aos prazeres inferiores, corporais".

Formas Objetos conceituais, ou arquétipos, perfeitos, imutáveis e paradigmáticos dos muitos tipos de coisas que vemos ao nosso redor, como postulados por Platão. Existem, por exemplo, muitas coisas belas – belas pinturas, pessoas, paisagens, peças musicais etc. – e o que todas têm em comum é que elas lembram a Forma, o Belo. Contemplar o Belo, vir a conhecê-lo, torna-nos juízes melhores das coisas belas. As Formas permitiram a Platão encontrar uma região de permanência na realidade, que ele pensava ser necessária para a existência do conhecimento genuíno.

ideias Uma noção integrante do idealismo de George Berkeley. Ideias são os objetos passivos do conhecimento humano, que só podem existir na mente que as percebe.

mente Uma noção integrante do idealismo de George Berkeley. A mente é um recipiente de ideias, ou melhor, uma coisa que as conhece e age sobre elas.

mundo exterior O mundo dos objetos como eles existem, independentemente do modo como os experienciamos, em oposição ao nosso mundo interior de pensamentos, percepções, sentimentos e afins.

propósito Para Aristóteles, uma característica fundamental de quase toda e qualquer explicação. Enquanto a ciência moderna tenta compreender as coisas vendo-as como destituídas de propósito, Aristóteles via propósitos, metas e fins em todo lugar: a fumaça sobe porque ela "visa os céus", as bolotas crescem porque seu fim é um carvalho, e assim por diante.

Sol A representação da Forma do Bem na alegoria da caverna de Platão. A pessoa que deixa a caverna passa a ser capaz de ver objetos reais, e não apenas sombras. Assim como somos capazes de ver os objetos no mundo por causa da luz do Sol, também seremos capazes, segundo Platão, de compreender as Formas assim que apreendermos o Bem em si mesmo.

substrato material Algo, não sabemos bem o quê, que supostamente está na base de nossas percepções dos objetos físicos. De acordo com George Berkeley, isso não passa de uma ficção dos filósofos.

O MÉTODO DE SÓCRATES

Sócrates tinha a reputação de ser o homem mais sábio de Atenas porque ele sabia que nada sabia. Nos diálogos de Platão, Sócrates tentava disseminar essa sabedoria perguntando às pessoas o que elas pensavam sobre certo assunto e em seguida fazendo perguntas traiçoeiras até que elas viessem a cair em contradição. Por exemplo, no diálogo *A República*, ele pergunta o que é a "justiça", e Céfalo sugere que ela consiste em dizer a verdade e pagar suas dívidas. Então Sócrates pergunta: se você toma uma espada emprestada de alguém, você contrai para com essa pessoa a dívida de devolvê-la, certo? Mas e se você descobre que a pessoa que quer a espada de volta ficou completamente louca? "Tem que haver exceções", Céfalo admite. Desse modo, a justiça nesse caso requer que não se dê a alguém o que lhe é devido. Céfalo enfraquece seu próprio argumento, revelando que não sabe o que achava que sabia sobre a justiça. Sócrates dá o caso por encerrado e passa a interrogar outra pessoa. Esse método pode parecer muito negativo, mas se você deseja ter apenas crenças verdadeiras, será necessário testar as que já possui de forma muito minuciosa, e a ideia de Sócrates era a de que, se você o fizer, verá que está errada a maior parte daquilo que pensa.

REFLEXÃO
Faça perguntas, aponte falhas nas respostas e convença as pessoas de que elas não sabem do que estão falando.

PENSAMENTO
Muitos já adotaram aquilo que foi chamado de "método socrático", embora isso frequentemente mantivesse muito pouca semelhança com a abordagem fortemente negativa do próprio Sócrates. Às vezes o termo é usado, em linhas gerais, para se referir a um exame rigoroso das ideias por meio de perguntas e respostas. Outros no movimento da filosofia prática desenvolveram o diálogo socrático, no qual a discussão é muito democrática e cooperativa – absolutamente diferente da forma pela qual Sócrates destruía os argumentos de seus interlocutores.

TEMA RELACIONADO
HEGEL E A DIALÉTICA
p. 132

DADOS BIOGRÁFICOS
SÓCRATES
469-399 a.C.
PLATÃO
c. 428-c. 348 a.C.

CITAÇÃO
Julian Baggini

Sócrates era sábio; Sócrates era um homem; todos os homens são sábios. Não, espera, tem algo errado aí. Vamos tentar de novo.

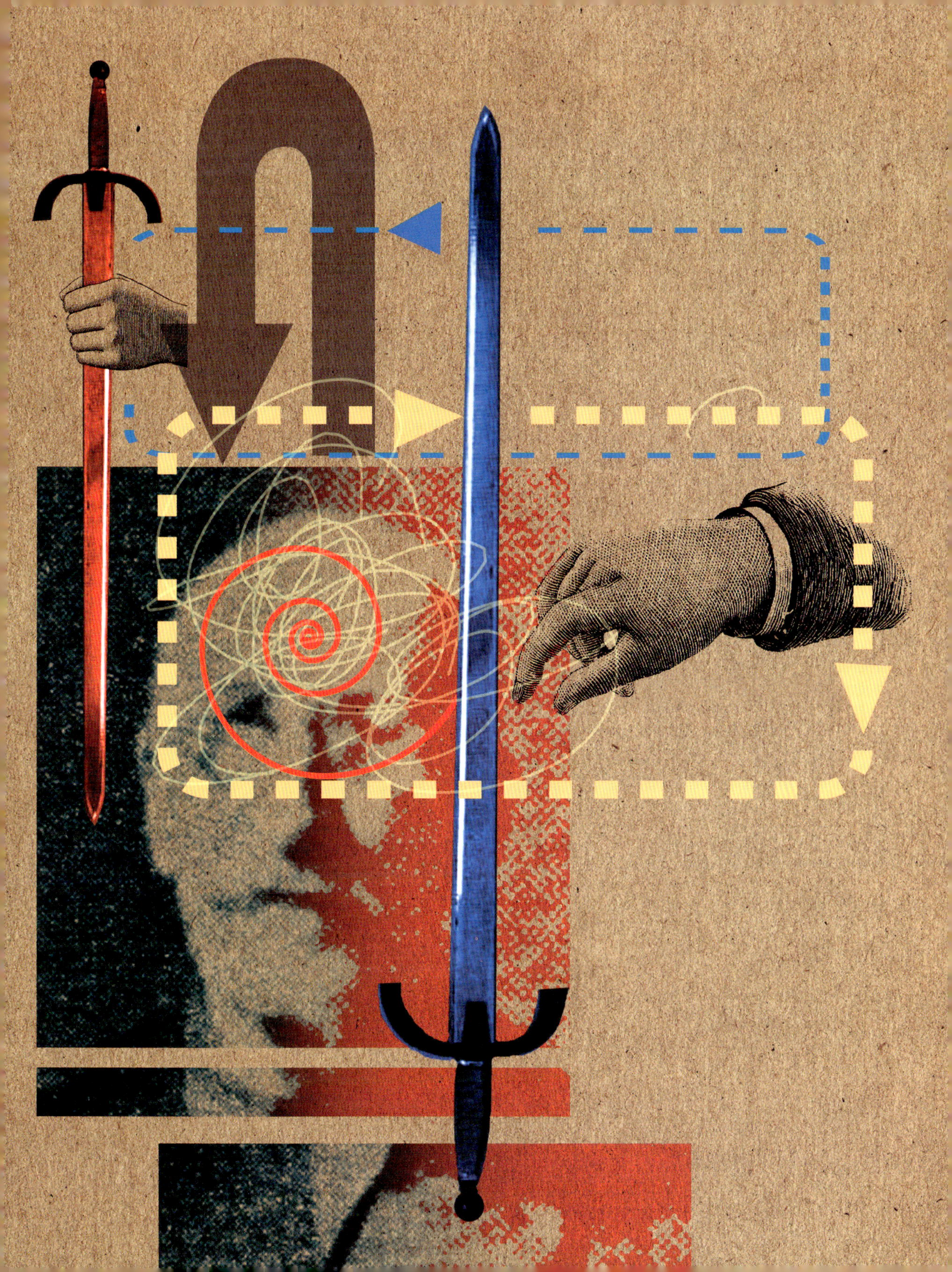

A CAVERNA DE PLATÃO

Eis um retrato da condição humana.

Pessoas estão sentadas em uma caverna escura, assistindo a sombras projetadas sobre a parede, pensando que estão vendo a realidade. Se você tirasse uma dessas pessoas da caverna, a luz do dia a ofuscaria tanto que ela não conseguiria ver nada. Mas, com o tempo, ela poderia olhar ao seu redor, ver o mundo real e até mesmo a fonte de tudo que o ilumina: o Sol. Se ela voltasse à caverna, contudo, e tentasse explicar a verdade para seus habitantes, eles não apenas ririam dela, mas a matariam. Essa é a caverna de Platão, uma das mais vívidas e memoráveis metáforas de todos os tempos. Não é tão difícil decifrá-la. Os habitantes da caverna são as massas ignorantes; as sombras são objetos particulares, físicos e efêmeros, e não as "formas" eternas e universais das quais as coisas mundanas são apenas pálidas imitações; a pessoa que escapa à caverna é o filósofo; o Sol é o Bem, a fonte de toda a verdade; e a morte ao fim alude à execução de Sócrates, que é descrito por Platão como a pessoa que apresenta a alegoria, antecipando sua própria morte. A moral da história? As recompensas da filosofia não são louvor, fama e riquezas.

REFLEXÃO
Acreditamos piamente em ilusões. É mais provável que sejamos cegados pela luz do que realmente a vejamos – com exceção dos filósofos, é claro.

PENSAMENTO
Não fique aí aliviado pensando que os habitantes de cavernas dos dias de hoje são apenas aqueles que ficam sentados, paralisados, diante da televisão. Escapar da caverna de Platão é mais difícil que isso. Segundo Platão, não apenas os artistas, mas também os cientistas não prestam atenção nas coisas mais fundamentais.
Isso coloca a questão: se a verdade de Platão está fora do mundo físico, ela realmente existe? É possível, ou até mesmo desejável, deixar a caverna?

TEMAS RELACIONADOS
O IDEALISMO DE BERKELEY
p. 128

MOORE E O SENSO COMUM
p. 136

DADOS BIOGRÁFICOS
PLATÃO
c. 428-c. 348 a.C.
SÓCRATES
469-399 a.C.

CITAÇÃO
Julian Baggini

Se você vive em uma caverna, pense duas vezes antes de deixá-la. Você nunca mais conseguirá voltar para casa.

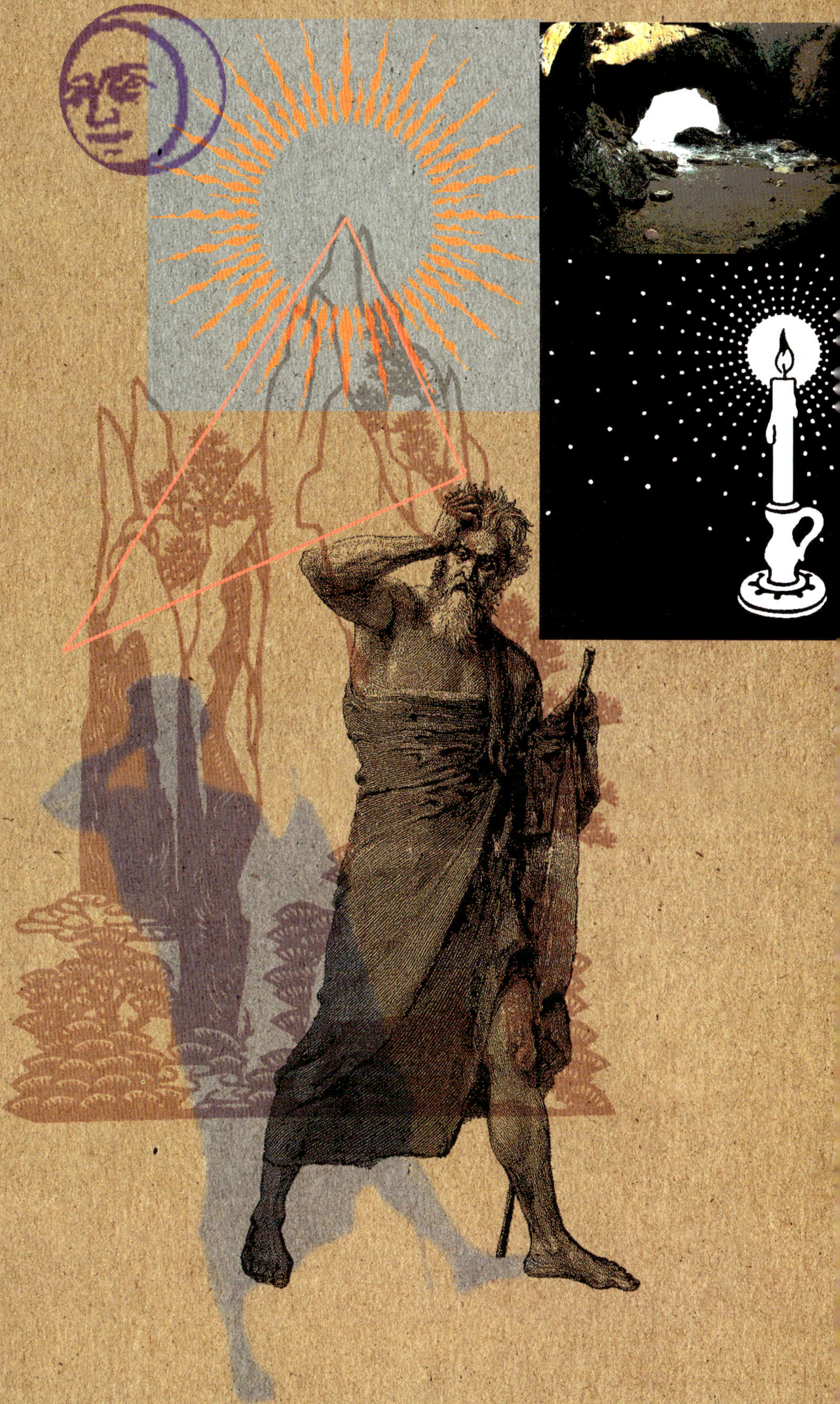

AS QUATRO CAUSAS DE ARISTÓTELES

Não há dúvida de que o filósofo

Aristóteles, da Grécia antiga, era um gênio raro. Ele não apenas trouxe rigor e clareza para todas as disciplinas que abordou, mas também inventou novas disciplinas. Uma das ferramentas intelectuais que ele usa nesse empreendimento é chamada de "as quatro causas". Para qualquer pergunta que se possa fazer a respeito de algo usando "por que", é possível identificar quatro tipos de resposta, quatro causas explicativas desse algo. Se quisermos tomar o exemplo de Aristóteles, podemos responder à pergunta "Por que isso é uma estátua?" de quatro maneiras diferentes. Podemos dizer que (1) é uma estátua porque ela é feita do material de que as estátuas são feitas, talvez bronze ou pedras (sua causa material); podemos dizer que (2) é uma estátua porque esse é o tipo de coisa que ela é (sua causa formal); podemos dizer que (3) é uma estátua porque ela foi feita por um escultor (sua causa eficiente); e, finalmente, podemos dizer que (4) é uma estátua porque ela está fazendo o que estátuas devem fazer – talvez esteja decorando um cômodo (sua causa final). Conhecer as quatro causas não é apenas conhecer fatos físicos sobre algo, mas também compreender seu sentido e propósito.

REFLEXÃO
E você pergunta: por quê?

PENSAMENTO
De acordo com Aristóteles, não são apenas estátuas que possuem sentidos e propósitos, mas também os objetos naturais. O propósito de uma bolota, por exemplo, é tornar-se um carvalho. Se você não sabe disso, você não entende realmente o que é uma bolota, ou ao menos era isso que Aristóteles pensava. Demorou muito tempo – 2 mil anos de reflexão e outro raro gênio, Charles Darwin (1809-1882) – para que finalmente deixássemos de ver propósitos aristotélicos por toda parte.

TEMA RELACIONADO
A TEORIA DAS DESCRIÇÕES DE RUSSELL
p. 22

DADOS BIOGRÁFICOS
ARISTÓTELES
384-322 a.C.

CITAÇÃO
James Garvey

Aristóteles gostava de dar respostas bem completas – toda questão recebia ao menos quatro.

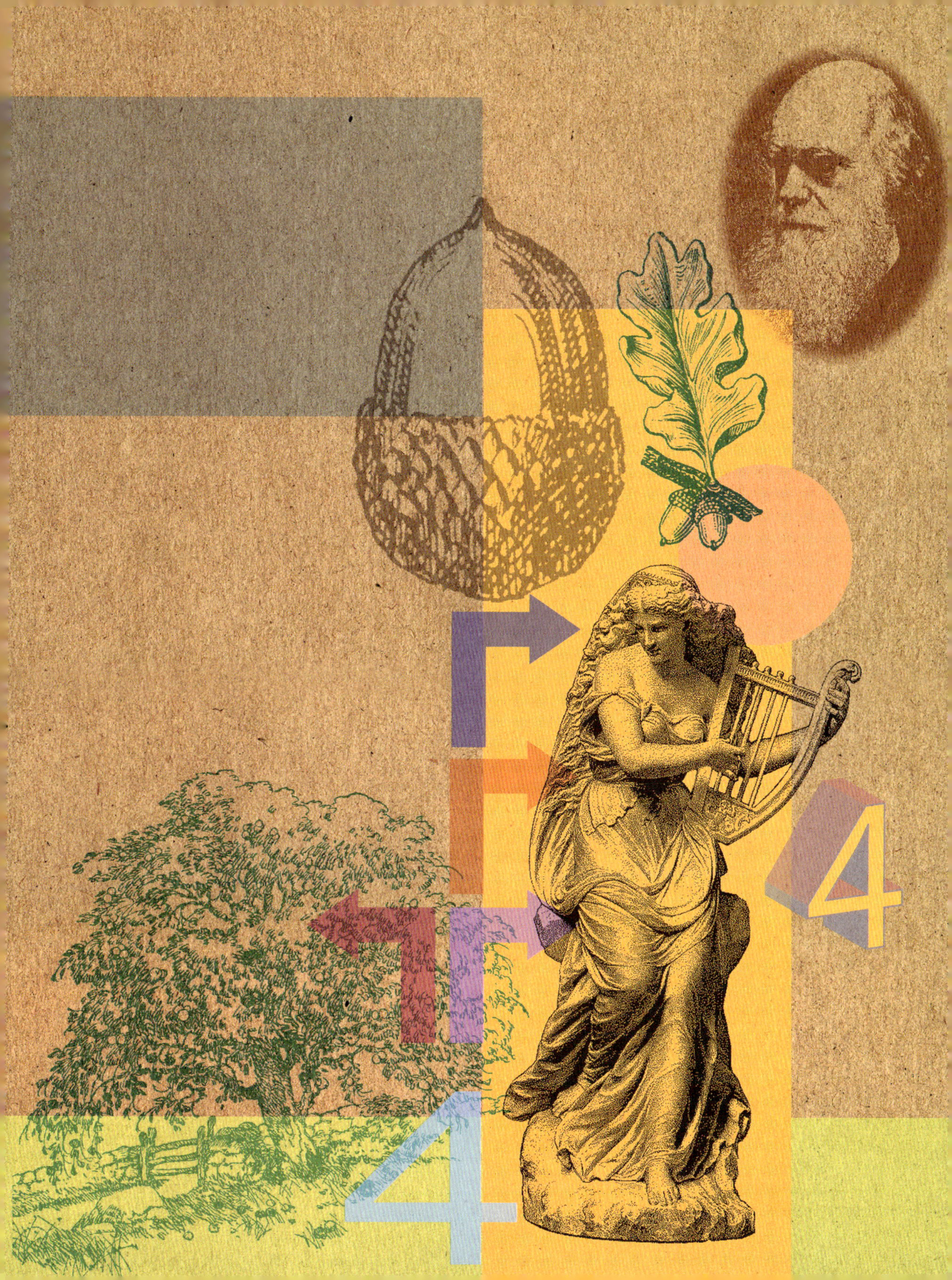

O ATOMISMO DE LUCRÉCIO

Mesmo que o poema de Lucrécio, "A natureza das coisas", não fosse de interesse filosófico, nós ainda assim o leríamos por sua excepcional beleza. Mas essa obra é também a expressão mais esclarecedora da visão de mundo epicurista que nos foi legada pela Antiguidade, e isso também a torna filosoficamente extraordinária. Epicuro (341-270 a.C.) sustentava que tudo era composto de minúsculos átomos indestrutíveis que ficavam se chocando no espaço vazio. Lucrécio leva o atomismo ainda mais longe, embora renda homenagens a Epicuro em quase todas as páginas de seu poema. Ele dá corpo a uma concepção naturalista das coisas, uma visão do Universo como algo destituído de propósito e mecânico. Mas essa falta de propósito é mais que apenas um paliativo. Com ela, os seres humanos deixam de estar sujeitos aos caprichos dos deuses ou vulneráveis ao destino. Para Lucrécio, explicações sobrenaturais de eventos não só pareciam esquisitas, mas eram ridículas, até mesmo infantis. Em suas mãos, o atomismo se torna algo como uma posição filosófica completa e vigorosa, não apenas uma proposição. Do ponto de vista dos atomistas, os átomos no vazio se combinam de uma maneira ou de outra para formar absolutamente tudo. Eles são tudo de que precisamos para compreender não apenas nosso mundo, mas também a nós mesmos. As posições de Lucrécio constituem um grande afastamento em relação à superstição religiosa. Em sua poesia, a raça humana amadurece um pouco.

REFLEXÃO
Centenas de anos antes de Robert Boyle propor a radical sugestão de que os elementos da matéria talvez não fossem terra, ar, fogo e água, um poeta romano não parava de falar sobre a natureza dos átomos.

PENSAMENTO
Há algumas passagens espantosas no poema de Lucrécio, que possuem ligações com a teoria evolucionista, em particular, e com a ciência moderna, em geral. Ao ler essas passagens, nos perguntamos por que não inauguramos a pesquisa científica logo depois de Lucrécio. Na verdade, a obra dele não teve muitos leitores até sua redescoberta no Renascimento. É possível ficar imaginando que tipo de mundo nós habitaríamos hoje se Lucrécio tivesse sido levado mais a sério à sua época.

TEMA RELACIONADO
O DEMÔNIO DE LAPLACE, DETERMINISMO E LIVRE-ARBÍTRIO
p. 74

DADOS BIOGRÁFICOS
LUCRÉCIO
99-55 a.C.

ROBERT BOYLE
1627-1691 a.C.

CITAÇÃO
James Garvey

Dezesseis séculos antes dos primeiros químicos, Lucrécio substituiu terra, vento, fogo e água por um mundo composto de minúsculos átomos.

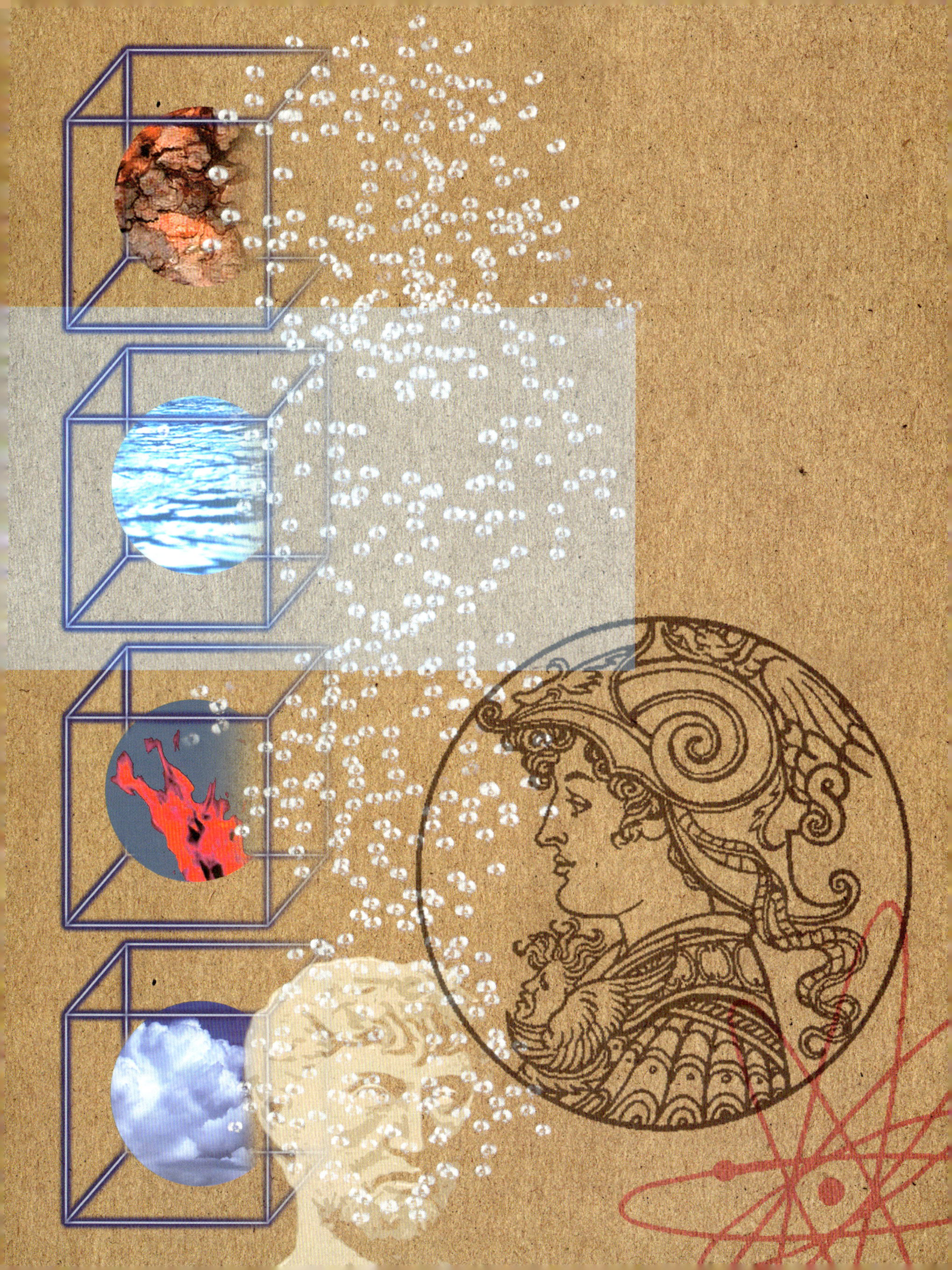

1889
Nasce em Viena, na Áustria-Hungria

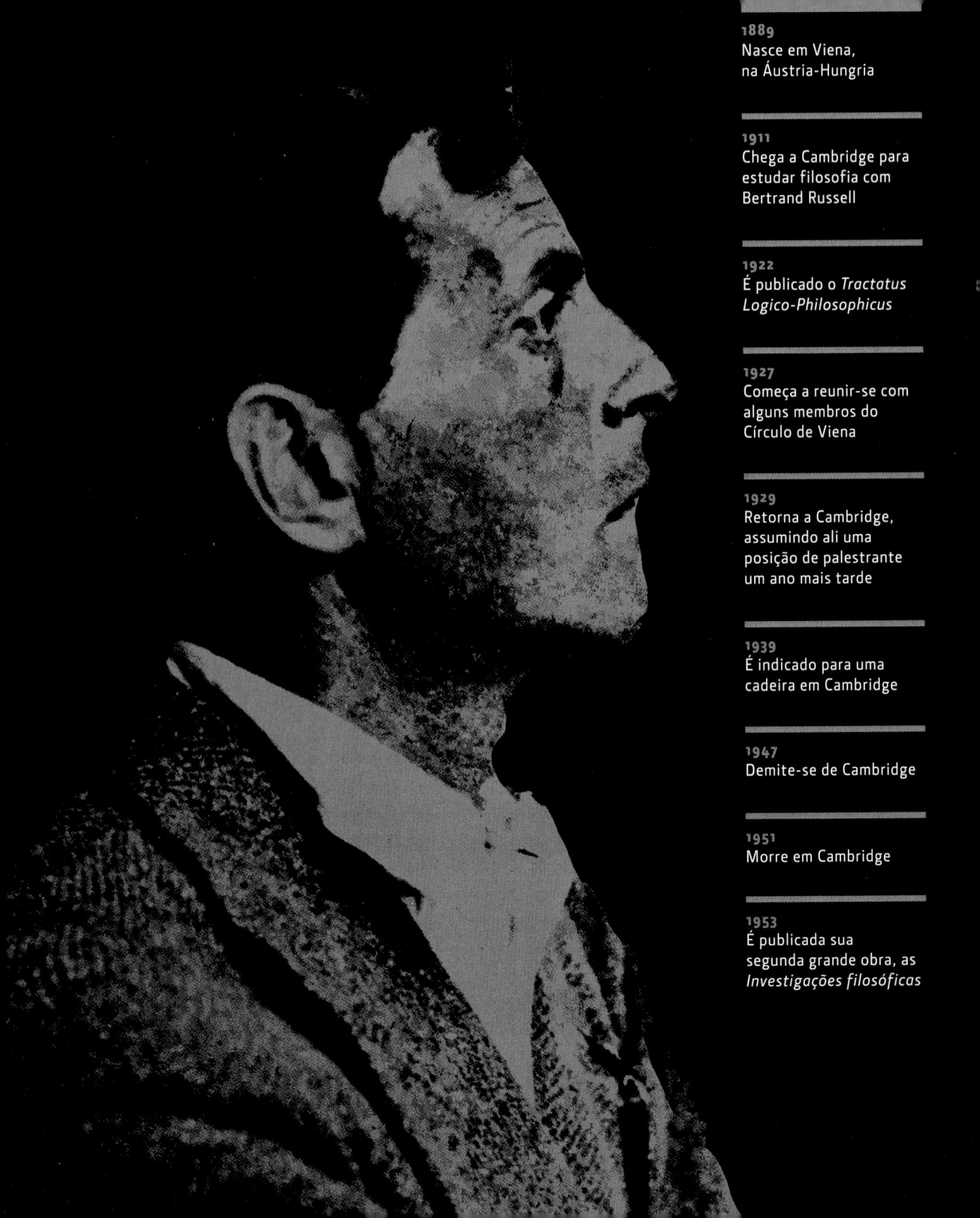

1911
Chega a Cambridge para estudar filosofia com Bertrand Russell

1922
É publicado o *Tractatus Logico-Philosophicus*

1927
Começa a reunir-se com alguns membros do Círculo de Viena

1929
Retorna a Cambridge, assumindo ali uma posição de palestrante um ano mais tarde

1939
É indicado para uma cadeira em Cambridge

1947
Demite-se de Cambridge

1951
Morre em Cambridge

1953
É publicada sua segunda grande obra, as *Investigações filosóficas*

LUDWIG WITTGENSTEIN

Ludwig Wittgenstein é considerado por muitos o filósofo mais importante do século XX. Por isso, é um tanto irônico que o fato mais conhecido sobre sua vida seja que ele brandiu um atiçador de lareira contra o filósofo Karl Popper (1902-1994) durante uma discussão a respeito de regras morais no Clube de Ciência Moral de Cambridge, em outubro de 1946. Esse evento dá testemunho de uma vida que foi vivida com uma intensidade fascinante, embora às vezes trágica.

Wittgenstein nasceu em Viena em 26 de abril de 1889, na família de um abastado industrial austríaco. Sua educação formal foi heterodoxa (de fato, ele não frequentou a escola até os 14 anos de idade), mas apesar disso ele conseguir assegurar um lugar na Universidade de Manchester para estudar engenharia. Foi ali que passou a se interessar por filosofia, e, aconselhado pelo filósofo Gottlob Frege (1848-1925), foi a Cambridge em 1911 para estudar com Bertrand Russell (1872-1970).

Embora não tenha permanecido muito tempo em Cambridge, ficou imediatamente claro que Wittgenstein possuía uma mente brilhante. Ele escreveu o manuscrito do que viria a ser sua primeira grande obra, o *Tractatus Logico-Philosophicus*, enquanto servia na Frente Oriental durante a Primeira Guerra Mundial. Entretanto, depois da publicação do livro em 1922, Wittgenstein abandonou completamente a filosofia para se tornar professor em uma escola e, depois, jardineiro. Cinco anos se passaram para que se reacendesse seu interesse pela filosofia, quando começou a dialogar com o grupo de filósofos do Círculo de Viena. Ele começou a achar que talvez o caminho que havia trilhado no *Tractatus* estivesse equivocado. Essa percepção incipiente deu início à segunda fase de sua carreira, durante a qual ensinou no Trinity College, em Cambridge, e inaugurou a abordagem filosófica que viria a se tornar a "filosofia da linguagem ordinária" após a Segunda Guerra Mundial.

Wittgenstein morreu em 1951 aos 62 anos, mas não sem antes completar sua segunda obra genial, as *Investigações filosóficas*, publicada postumamente e na qual explicita suas novas ideias sobre o significado e a linguagem.

O IDEALISMO DE BERKELEY

Talvez todos nós aceitemos que nossos sentidos nos fornecem uma imagem mental do mundo, mas nem todos entendem as implicações disso. Isso significa que só estamos indiretamente conscientes do mundo, por meio de nossas representações interiores, mentais, dele. Se você é do tipo cético, pode se perguntar como é que sabemos que nossas imagens mentais realmente representam as coisas lá fora. A espantosa resposta de George Berkeley à preocupação cética foi o idealismo – negar a existência de tudo, salvo as mentes e as ideias em seu interior. Não há espaço para ceticismo acerca do mundo exterior, porque não há mundo exterior, assim como nossa experiência não depende da matéria. Mas ainda há coisas, em certo sentido. Nós agrupamos nossas experiências sensíveis que ocorrem de forma regular e lhes damos nomes. "Maçã" é o nome de uma reunião de sensações doces, vermelhas e crocantes. Para Berkeley, isso é tudo que uma maçã é. Supor que ela é mais que isso, que ela é algo lá fora, significa ultrapassar os dados da experiência. Pior ainda, é cogitar o pensamento absurdo de que a doçura possa existir sem ser sentida, que o vermelho possa existir sem ser visto. Se você discorda, tenha em mente que você é quem está afirmando a existência de algo a mais, algum substrato material além dos dados de nossos sentidos. O ônus da prova, Berkeley diria, está em suas mãos.

REFLEXÃO
De acordo com Berkeley, está tudo na sua cabeça.

PENSAMENTO
Se esta maçã só pode existir na mente que a percebe, ela simplesmente deixa de existir toda vez que fecho os olhos? Berkeley argumenta que Deus percebe e assim sustenta o Universo como um todo, estejamos olhando para ele ou não. Muitos consideram que isso não passa de uma resposta *ad hoc*, mas, para Berkeley, a existência contínua de todas as coisas é prova não apenas da existência de Deus, mas também de Sua benevolência.

TEMAS RELACIONADOS
A CAVERNA DE PLATÃO
p. 120

WITTGENSTEIN E A TEORIA FIGURATIVA DA LINGUAGEM
p. 138

DADOS BIOGRÁFICOS
GEORGE BERKELEY
1685-1753

CITAÇÃO
James Garvey

Sem os meios para perceber o Universo, será que alguma parte dele existiria?

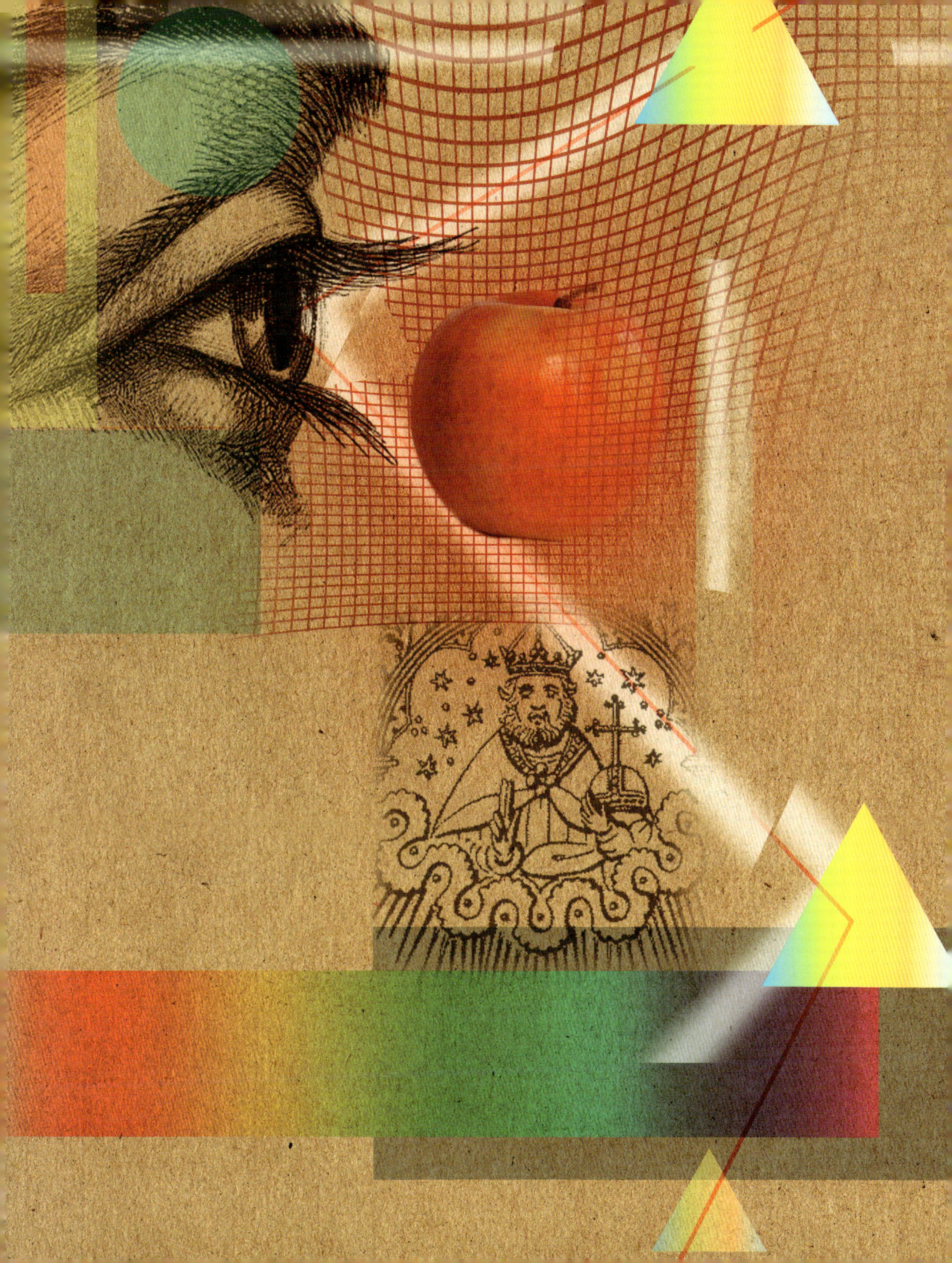

KANT E O SINTÉTICO *A PRIORI*

Prepare-se para duas distinções

difíceis. Immanuel Kant distingue entre proposições analíticas e sintéticas. Uma proposição é analítica se seus predicados estão contidos em seu sujeito. Uma proposição é sintética se ela acrescenta novos predicados ao sujeito. Assim, "triângulos têm três lados" é analítica (porque a "trilateralidade" está no conceito "triângulo"). "Triângulos são excelentes velas de barco" é sintética (porque esse fato sobre as velas não é parte do conceito "triangular"). Kant também distingue entre conhecimento *a priori* e *a posteriori*. O conhecimento *a priori* é obtido pela reflexão, ao passo que o conhecimento *a posteriori* requer uma pesquisa empírica. Assim, parece que, se as proposições analíticas podem ser alcançadas pela reflexão *a priori*, as proposições sintéticas requerem um pouco de investigação *a posteriori*. Aqui é que as coisas se complicam. Kant argumenta que verdades metafísicas devem ser híbridos estranhos, sintéticos, *a priori*: sentenças informativas e conhecidas que não apelam à experiência. Elas devem ser sintéticas (e dizer algo novo que ainda não está contido no sujeito), embora *a priori* (obtidas independentemente da experiência). Por exemplo, "Todo evento tem uma causa" cheira a uma afirmação sintética *a priori*. O conceito de "evento" não contém o de "causa" em seu interior, e não há como nossas experiências limitadas garantirem a afirmação geral de que todo evento, em todos os tempos, tem uma causa.

REFLEXÃO
Afirmações metafísicas verdadeiras não apenas dizem coisas estranhas – elas *são* coisas estranhas.

PENSAMENTO
Se Kant tem razão quanto às afirmações metafísicas serem híbridos esquisitos, ele conseguiu explicar por que racionalistas e empiristas têm tantos problemas para obter verdades metafísicas. Os racionalistas buscam a verdade por meio da reflexão, e os empiristas justificam crenças através da experiência. Se Kant tem razão, é necessária uma forma inteiramente nova de abordar a metafísica. No final, a nova abordagem de Kant provavelmente alterou o curso da filosofia ocidental.

TEMA RELACIONADO
FODOR E A LINGUAGEM DO PENSAMENTO
p. 60

DADOS BIOGRÁFICOS
IMMANUEL KANT
1724-1804

CITAÇÃO
James Garvey

Immanuel Kant descobriu como uma crença pode também ser verdadeira. Parece estranho? É porque é mesmo.

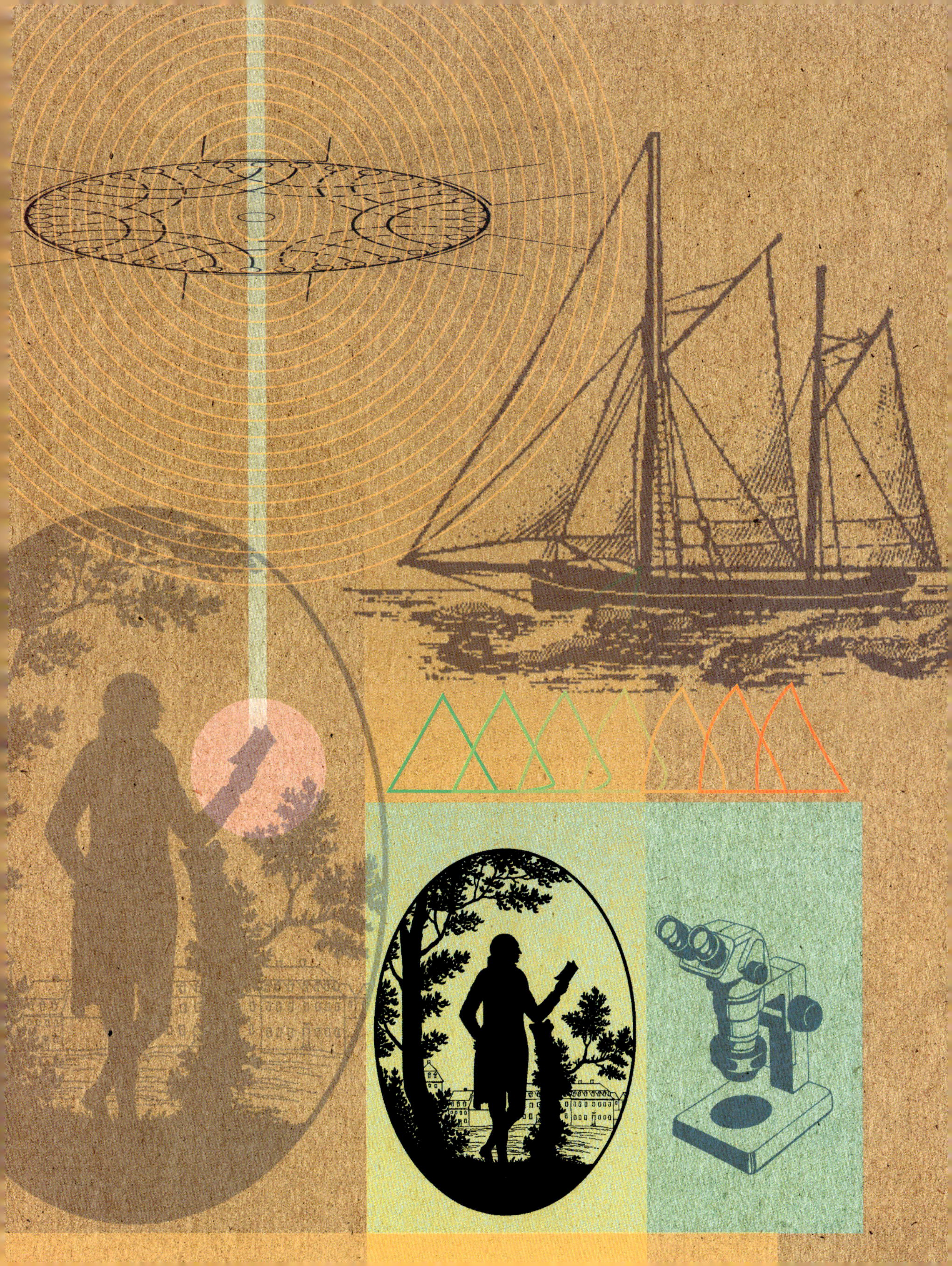

HEGEL E A DIALÉTICA

G. W. F. Hegel acreditava que

a meta da filosofia é desenvolver o aparato conceitual necessário para compreender a realidade como um todo ou, como ele a chamava, o "espírito absoluto". O progresso em direção a esse objetivo ocorre por meio de um processo dialético, durante o qual concepções aperfeiçoadas vão superando e substituindo – não sem conservá-las em seu interior – concepções menos adequadas da realidade. A dialética tem uma estrutura triádica: em termos gerais, a ideia é que qualquer conceito ou fenômeno dado (tese) exibirá aspectos contraditórios em seu interior (antítese), o que requer um movimento em direção a uma resolução (síntese). Desse modo, um conceito ou tese particular (conceito 1) não será suficiente para descrever a realidade e conterá em si mesmo contradições que implicam seu oposto ou antítese (conceito 2). A solução dessa tensão é um movimento em direção a uma síntese (conceito 3), que preserva a tese original e a antítese, enquanto nega a oposição lógica delas. Esse é um processo contínuo. O conceito 3 se tornará uma nova tese, que conterá em si mesma sua própria antítese (conceito 4), forçando assim um movimento em direção a uma nova síntese (conceito 5). De acordo com Hegel, o progresso dialético continuará dessa forma até que o espírito absoluto torne-se consciente de si como pura liberdade.

REFLEXÃO
A história avança por meio de um processo dialético, que ocorre à medida que o espírito absoluto vai desenvolvendo uma compreensão cada vez mais sofisticada e precisa de si como idêntico à realidade como um todo.

PENSAMENTO
A dificuldade da prosa de Hegel levou alguns a suspeitar de que seu texto é deliberadamente obscuro, a fim de criar a aparência de profundidade onde não existe nenhuma. A ascensão do positivismo lógico, com sua tese de que as proposições só têm sentido se são verdadeiras por definição ou empiricamente verificáveis, enfraqueceu a atração exercida pela filosofia de Hegel. Para muitos, o tipo de filosofia feita por Hegel é precisamente o que deve ser evitado quando se quer produzir um bom trabalho.

TEMA RELACIONADO
O MÉTODO DE SÓCRATES
p. 118

DADOS BIOGRÁFICOS
G. W. F. HEGEL
1770-1831

CITAÇÃO
Jeremy Stangroom

De acordo com Hegel, nossa compreensão do Universo desenvolve-se como um embate interminável entre contradições. À medida que cada ponto de vista oposto é descartado por um novo argumento, vamos nos aproximando cada vez mais da verdade.

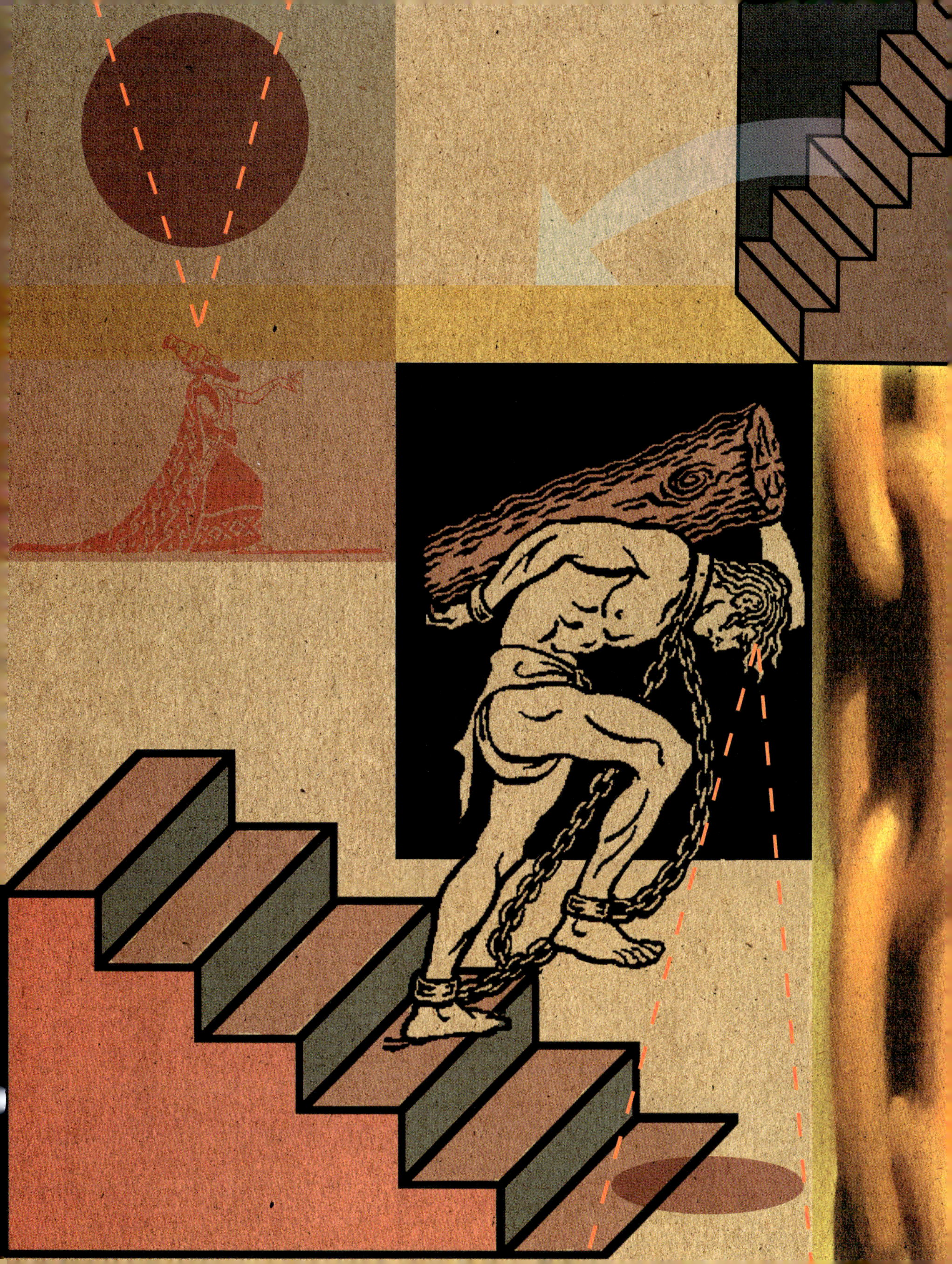

JAMES E O PRAGMATISMO

Não há muitas posições filosóficas que decorrem da reflexão sobre os esquilos, mas é justamente esse o caso com a concepção de pragmatismo de William James. Ele diz que voltava de uma caminhada no bosque e encontrou seus amigos discutindo sobre um homem que tenta flagrar um esquilo que está se movimentando em sincronia com ele ao redor do tronco de uma árvore. O homem dá a volta na árvore e o esquilo está sobre a árvore, mas a questão que provocava discórdia era: o homem dá a volta no esquilo? A resposta de James era uma pergunta: bem, faz alguma diferença prática para alguém se for dada esta ou aquela resposta? Se não faz diferença, então as alternativas são praticamente idênticas e a discussão é inútil. Se você substituir a reflexão sobre esquilos por questões filosóficas (por exemplo, nós estamos sujeitos à determinação ou somos livres? Somos feitos de matéria ou de mente?), você estará a caminho de uma posição filosófica incisiva, que lhe permitirá chegar a conclusões a respeito de disputas metafísicas que, de outra forma, seriam intermináveis. E há também uma teoria da verdade aqui. Uma crença é verdadeira se ela nos ajuda a lidar com as questões práticas da vida – se ela é útil, proveitosa e, portanto, prática. Para James, nada mais está em jogo quando se fala da natureza da verdade.

REFLEXÃO
As únicas diferenças que importam são as diferenças práticas.

PENSAMENTO
Muitos levantam objeções, provavelmente com razão, às consequências do pragmatismo para a religião. James argumenta que, em certas circunstâncias religiosas, estamos livres para escolher acreditar naquilo que achamos positivo para nossas vidas, proveitoso e útil. Talvez minha crença de que Jesus me ama me dê forças para viver, mas isso basta para que eu conclua que ela é verdadeira?

TEMA RELACIONADO
MOORE E O SENSO COMUM
p. 136

DADOS BIOGRÁFICOS
WILLIAM JAMES
1842-1910

CITAÇÃO
James Garvey

Colecionar argumentos filosóficos prolixos é simplesmente perda de tempo. De acordo com James, se os argumentos não servem a nenhum propósito, eles nunca podem ser realmente verdadeiros.

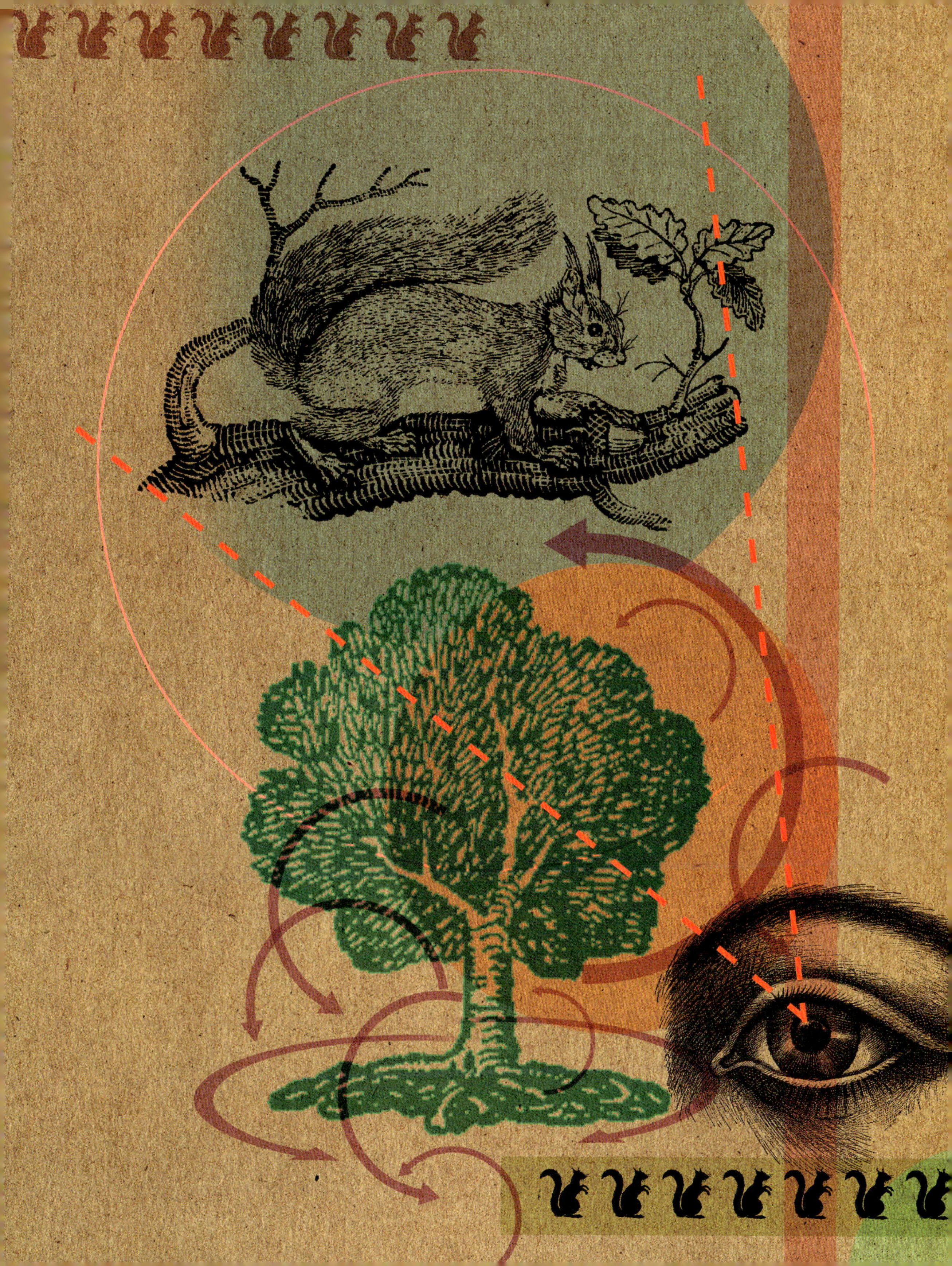

MOORE E O SENSO COMUM

G. E. Moore deu o extraordinário passo, filosoficamente falando, de argumentar a favor daquilo que todos provavelmente já acreditam ser verdadeiro, algo que ele chama de "visão de mundo do senso comum". Sua posição é um distanciamento em relação a uma longa tradição filosófica, a qual remete aos pré-socráticos e sustenta que a filosofia de alguma forma revela a natureza verdadeira ou básica do mundo ao rejeitar as crenças ordinárias que possuímos a respeito de como são as coisas. De acordo com Moore, nossas crenças cotidianas, que fazem parte do senso comum, estão mais ou menos corretas: há uma Terra que está aí há um bom tempo, há outras pessoas e uma multidão de objetos, e eu sei de tudo isso, assim como as outras pessoas também sabem. Ele oferece uma famosa "prova" da existência dos objetos exteriores da seguinte forma: ele ergue uma de suas mãos e, enquanto faz um determinado gesto, diz "Aqui está uma mão", e em seguida ergue sua outra mão, dizendo, enquanto faz um gesto, "Aqui está outra". Portanto, o mundo exterior existe. É uma prova perfeitamente satisfatória, ele argumenta, pois as premissas implicam a conclusão e, além disso, as premissas são diferentes da conclusão. Ele pensava que nada é mais bem conhecido que verdades do senso comum tais como a da existência do mundo exterior.

REFLEXÃO
De acordo com Moore, o senso comum nem precisa fazer esforço para derrotar o ceticismo.

PENSAMENTO
Talvez a defesa que Moore propõe do senso comum esconda algo bem mais profundo do que parece. Ele não está apenas recrutando premissas para apoiar uma conclusão. Talvez ele esteja apontando uma distinção entre provar filosoficamente que uma afirmação é verdadeira e ter razões para um conhecimento que faz parte do senso comum. Ele sabe que tem mãos (olhe, aqui estão elas), mas talvez os céticos estejam certos, e ele não pode fornecer um argumento para isso. E daí? O que importa mesmo são nossos conhecimentos que integram o senso comum.

TEMA RELACIONADO
JAMES E O PRAGMATISMO
p. 134

DADOS BIOGRÁFICOS
G. E. MOORE
1873-1958

CITAÇÃO
James Garvey

Moore precisou usar apenas o senso comum para ter o mundo inteiro em suas mãos.

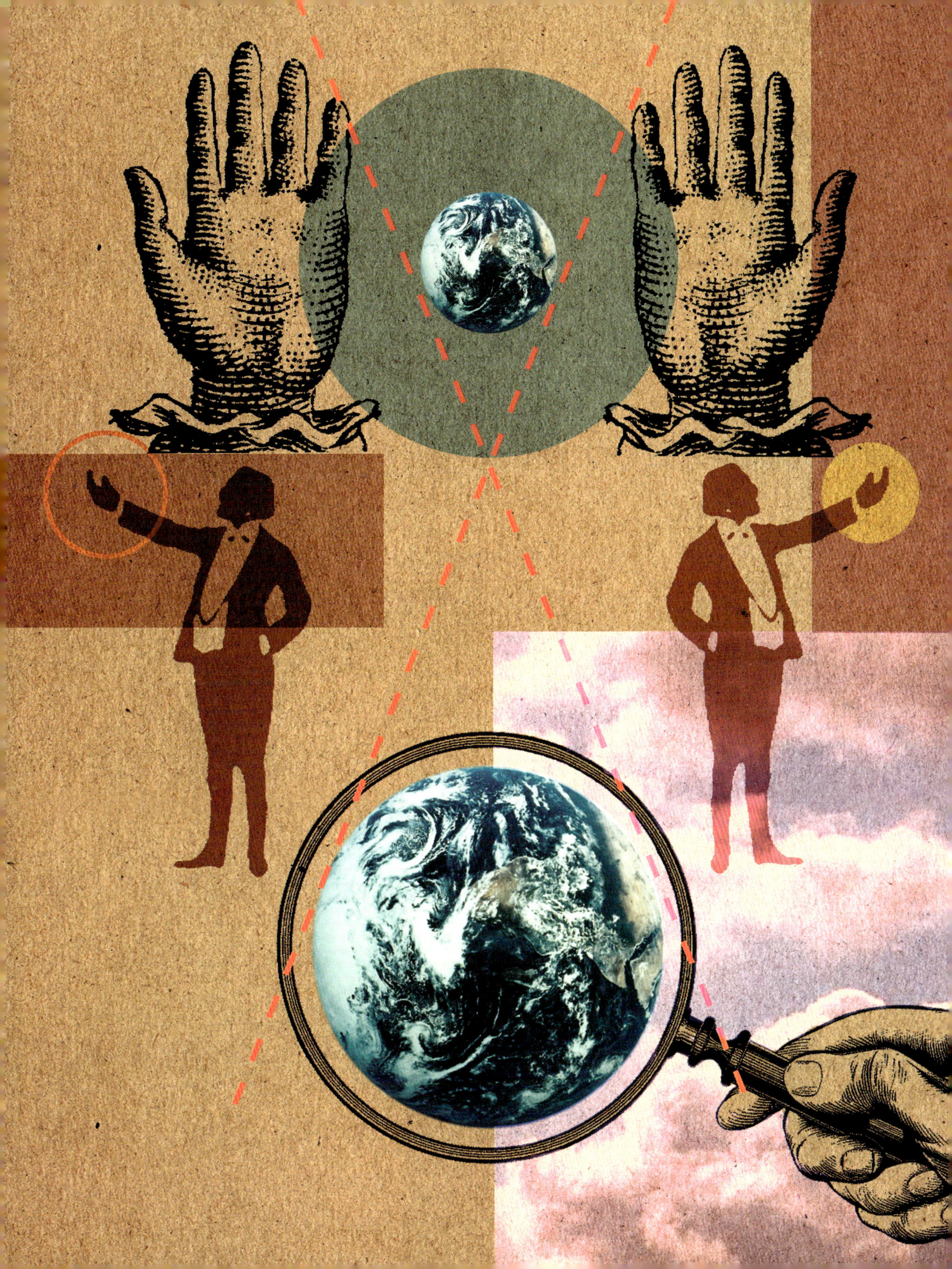

WITTGENSTEIN E A TEORIA FIGURATIVA DA LINGUAGEM

Ludwig Wittgenstein vivia

atormentado por questões sobre o significado e a lógica. Em seu *Tractatus Logico-Philosophicus*, ele desenvolveu uma "teoria figurativa" do significado. O *Tractatus* se inicia com a proposição "O mundo é tudo que é o caso" e termina com a proposição "Sobre aquilo de que não se pode falar, deve-se calar". Nas páginas situadas entre elas, em tom oracular, Wittgenstein desenvolve uma elucidação da linguagem, da lógica e do mundo, na qual o mundo consiste de arranjos de objetos simples que formam fatos, e esses fatos são representados pela linguagem por meio de figurações. Ele comparou a linguagem à construção de modelos que representam as posições dos automóveis envolvidos em um acidente por meio das posições de carros de brinquedo. Uma proposição relacional simples "aRb" figura que o objeto "a" mantém certa relação "R" com o objeto "b". Wittgenstein imaginava que cada sentença significativa da linguagem podia ser traduzida em uma sentença de uma linguagem ideal, composta de proposições simples e as palavras "ou", "e" e "não". Assim, uma sentença ordinária como "O jantar está na mesa" é equivalente a uma sentença gigante composta dessas palavras e de proposições simples que se referem, por meio de seus elementos, aos objetos básicos. Não está claro o que são exatamente proposições simples ou objetos simples, mas apesar disso a obra de Wittgenstein exerceu imensa influência sobre a filosofia do século XX.

REFLEXÃO
A teoria figurativa da linguagem de Wittgenstein compara sentenças a figurações abstratas, cujas estruturas retratam uma situação possível.

PENSAMENTO
Wittgenstein era uma pessoa carismática. Embora isso fosse contrário às suas intenções, alguns de seus seguidores o tratavam como uma espécie de personagem *cult*, e até mesmo imitavam seu jeito de falar e seus gestos. Wittgenstein dizia que havia se tornado filósofo porque estava atormentado por questões filosóficas, mas aconselhava seus seguidores a não se tornarem filósofos.

TEMA RELACIONADO
O IDEALISMO DE BERKELEY
p. 128

DADOS BIOGRÁFICOS
LUDWIG WITTGENSTEIN
1889-1951

CITAÇÃO
Barry Loewer

Para muitos, uma imagem vale mais que mil palavras. A obra de Wittgenstein sugere que a conta está mais próxima de uma palavra por imagem.

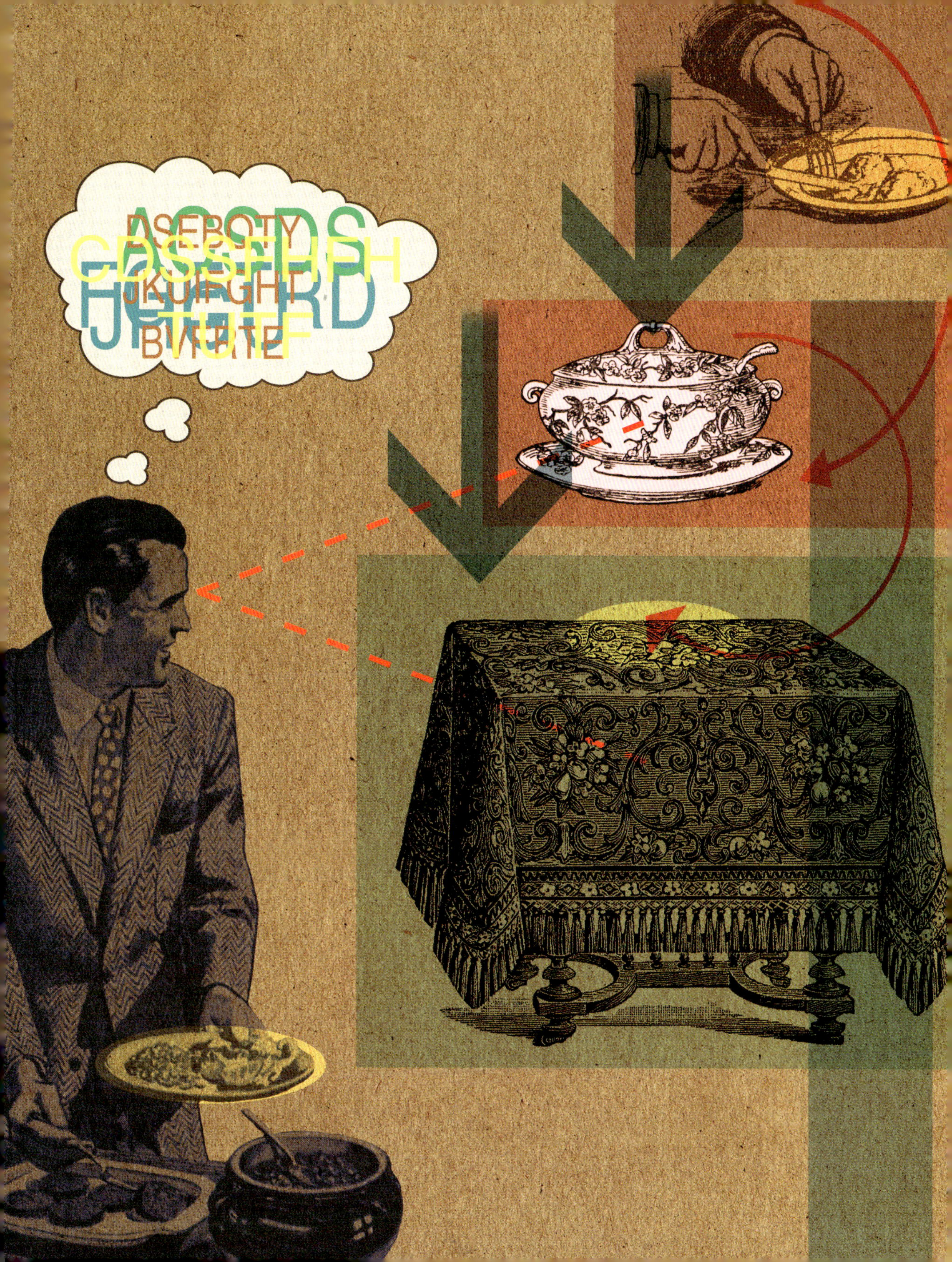

FILOSOFIA CONTINENTAL

FILOSOFIA CONTINENTAL
GLOSSÁRIO

angústia Uma sinalização fundamental no caminho para compreender a natureza do nada e, portanto, do próprio ser, de acordo com Martin Heidegger. A angústia surge quando contemplamos nossa própria mortalidade, o fato de que nossas vidas terão um fim. É o encontro com a nulidade que faz mais que apenas nos aguardar – ela molda nossas vidas, torna nossas vidas o que elas são. Heidegger vê isso como uma pista para encontrar o vínculo entre o nada e o ser. Para os filósofos existencialistas, de maneira geral, a angústia está ligada à compreensão de todas as implicações da liberdade, à ideia de que nada é predeterminado e de que não há restrições relativas ao que alguém pode fazer.

desconstrução Um ramo da filosofia ou do método crítico popularizado por Jacques Derrida, no interior do qual um texto pode ser analisado de forma a revelar vários sentidos, em vez de apenas um só sentido unificado.

existencialismo Uma reunião de doutrinas relacionadas fundamentalmente à ideia de que os seres humanos criam sentido em suas vidas ao viver, ao escolher existir de certa maneira. A posição oposta, antiga, é a de que o sentido é fixado pelos deuses, ou talvez de que o sentido é determinado por algo como uma natureza essencial. A incapacidade de reconhecer a própria liberdade implica viver em má-fé.

hermenêutica O estudo da interpretação dos textos. Uma tentativa de encontrar uma forma de compreender a maneira como outras pessoas compreendem algo.

liberdade radical A característica definidora de nossa humanidade, de acordo com alguns existencialistas. Nós podemos ser incapazes de controlar o mundo em que nos encontramos, mas possuímos uma capacidade absoluta, até mesmo nauseante, de escolher nossas próprias ações e, em certo sentido, recriarmos a nós mesmos em cada escolha.

morte de Deus Expressão empregada por Friedrich Nietzsche para resumir uma crise nos valores. Ele argumenta que, uma vez que negociamos intelectualmente o Iluminismo, não podemos continuar a realmente acreditar nos valores extramundanos oferecidos pela fé religiosa. Deus está morto para nós, no sentido de que não podemos genuinamente crer no sistema de valores fundado nas superstições religiosas. É preciso algo real para fundar um novo sistema de valores.

niilismo Uma família de posições que nega que algum aspecto do mundo humano tenha sentido objetivo ou valor genuíno. Alguns argumentam que, se Deus não existe, não há fonte objetiva para a moralidade, em particular, ou valor, em geral. Sem isso, nenhuma ação é preferível a qualquer outra. A existência humana é, portanto, desprovida de sentido.

ser O assunto da filosofia, embora sempre negligenciado, de acordo com Martin Heidegger. O que ele tem em mente não são os entes particulares estudados pelas ciências, mas o próprio ser, "aquilo com base no qual os entes já são sempre compreendidos". A única coisa a fazer, ele argumenta, é realizar um completo reexame da história da filosofia, localizando os passos em falso que demos em nossa incompreensão do ser, desde os gregos antigos até a era moderna.

texto Para alguns que lidam com a desconstrução, "texto" não é apenas a palavra escrita, mas qualquer coisa que esteja "aberta à interpretação" – palestras, imagens, arquitetura e até mesmo experiências perceptivas.

Übermensch Termo alemão que é traduzido ora por "super-homem", ora por "além do homem", com "über" significando "superior" e "mensch" se referindo à raça humana em geral. De acordo com Friedrich Nietzsche, com a morte de Deus, os seres humanos estão diante de uma crise nos valores. Apenas algo mais que humano, o super-homem, é capaz de criar valor e assim evitar os horrores do niilismo.

O SUPER-HOMEM DE NIETZSCHE

Uma das frases mais famosas

do filósofo alemão Friedrich Nietzsche é a de que Deus está morto, e por essa razão muitos acham que ele é um niilista, um adepto da posição de que nada importa. Mas o niilismo é seu ponto de partida, não sua conclusão. Seu objetivo era nos resgatar dele, e não nos levar a ele. Ao dizer que Deus está morto, Nietzsche chama nossa atenção para uma crise nos valores. Ele argumenta que nós, modernos, passamos com sucesso pelo Iluminismo e não podemos mais crer no sistema de valores antigo, fundado como ele é em superstições religiosas. Se não possuímos um sistema de valores, então nós realmente estamos condenados, perdidos em um mar de niilismo. O que precisamos é algo mais que humano, um criador de novos valores no mundo, um ser genuinamente livre, que escolhe o que é importante e vive como bem entende. Esse é o super-homem. Antes que você venha a concluir que o super-homem parece bem legal, tenha em mente que você o acharia aterrorizante em todos os aspectos. Nietzsche nos diz que o super-homem é um guerreiro, um conquistador, uma concentração de ego que só se importa consigo e com o que lhe diz respeito. Você e eu seríamos pisoteados por ele como os vermes miseráveis que somos.

REFLEXÃO
Olhe lá no céu! É um pássaro, é um avião – não, é o Übermensch.

PENSAMENTO
Nietzsche ainda é muito atacado por conta do super-homem, e é verdade que partes de seu pensamento foram indevidamente apropriadas pelos nazistas e ainda mais incompreendidas por muitos de seus seguidores mais simplórios. Tudo isso teria nauseado Nietzsche. Ele tinha palavras bem pouco gentis para os racistas em geral e para os nacionalistas alemães em particular. Ambos os tipos de tolos, ele pensava, eram demasiado humanos.

TEMA RELACIONADO
HEIDEGGER E O NADA
p. 150

DADOS BIOGRÁFICOS
FRIEDRICH NIETZSCHE
1844-1900

CITAÇÃO
James Garvey

A vida moderna baniu os anjos e as superstições, e Nietzsche preenche o vazio com uma versão maior e melhor de nós mesmos.

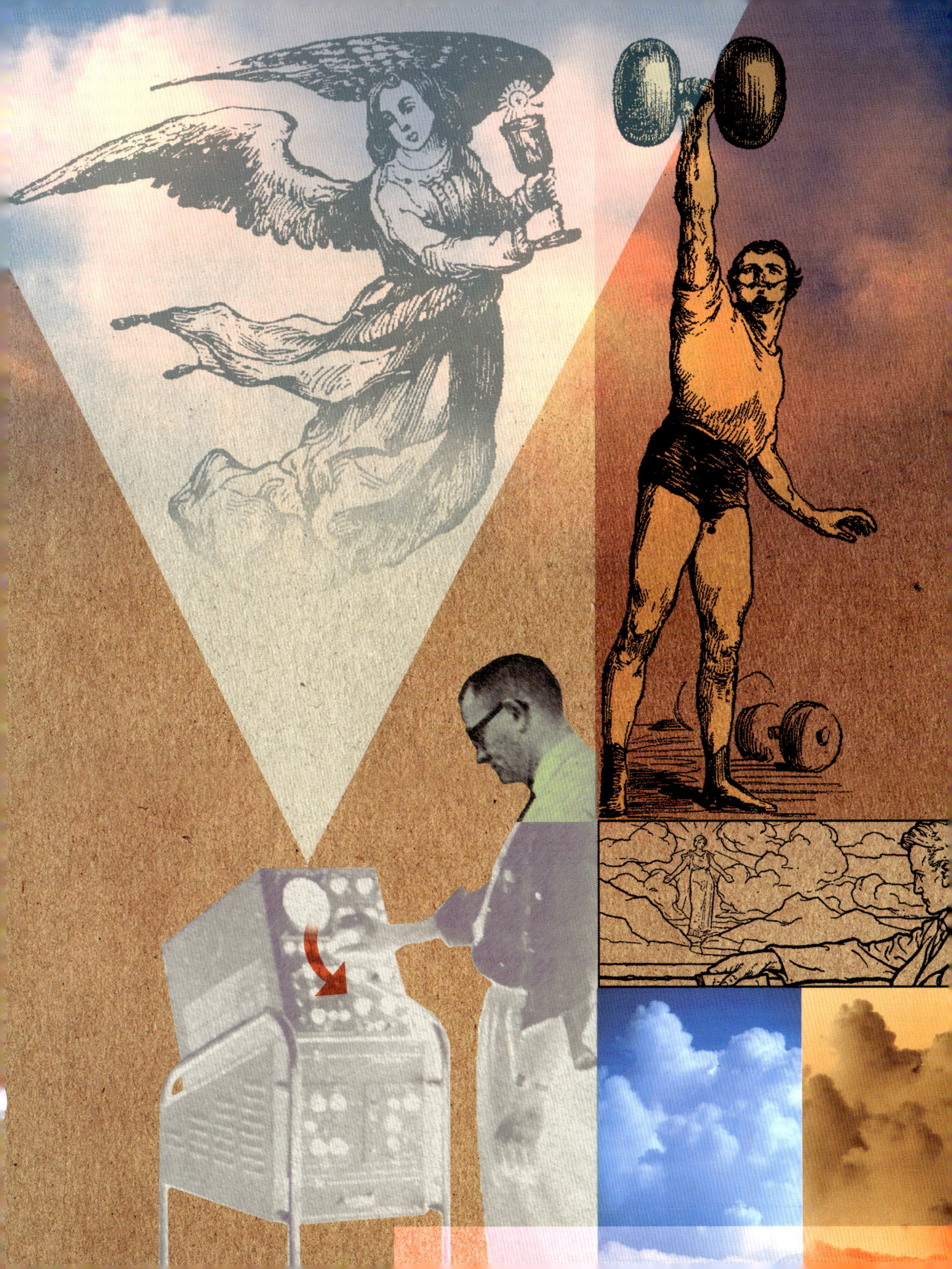

1844
Nasce em Röcken, Alemanha

1864
Ingressa na Universidade de Bonn

1868
Encontra Richard Wagner pela primeira vez

1869
Torna-se professor de filosofia na Universidade de Basel

1872
É publicado *O nascimento da tragédia*

1879
Demite-se da Universidade de Basel

1883-85
É publicado *Assim falava Zaratustra*

1886
É publicado *Além do bem e do mal*

1887
É publicada a *Genealogia da moral*

1900
Morre em Weimar

FRIEDRICH NIETZSCHE

Em janeiro de 1889, Friedrich Nietzsche, o grande filósofo alemão, que havia escrito obras luminosas, tais como *Assim falava Zaratustra*, *Além do bem e do mal* e *Genealogia da moral*, assistia a um cocheiro tocando seu cavalo com o chicote na Piazza Carlo Alberto em Turim. Isso era mais do que podia suportar, e ele teve um colapso. A loucura havia tomado conta de Nietzsche, que nunca mais escreveu outra palavra sã.

A tragédia da insanidade do filósofo não era imprevisível. Sua vida havia sido difícil desde o princípio. Nascido em outubro de 1844 em uma família luterana, Nietzsche perdeu o pai, de uma doença cerebral, quando tinha apenas 4 anos de idade. Isso não impediu, contudo, que tivesse um excelente desempenho na escola e, depois, na universidade, o que finalmente o conduziu, de forma mais que extraordinária, a assumir a cadeira de filologia na Universidade de Basel com apenas 24 anos. No entanto, ele sofria constantemente de problemas de saúde debilitantes, e em 1879 transtornos tais como enxaquecas, problemas de visão e vômitos o forçaram a abandonar a universidade.

Nietzsche passou os dez anos seguintes de sua vida entre hospedarias da Alemanha, Itália e Suíça, quase sempre só e constantemente doente. Mas esse foi um período notavelmente produtivo. Em seu último ano ativo, ele pôde completar *O caso Wagner*, *Crepúsculo dos ídolos*, *O anticristo*, *Ecce Homo* e *Nietzsche contra Wagner*.

Nietzsche não viveu tempo suficiente para testemunhar o alcance de sua influência. Ele passou os anos restantes de sua vida em um sanatório em Basel, sob os cuidados de sua mãe e depois de sua irmã (que é em parte responsável pelos vínculos posteriores entre as ideias do filósofo e o nacional-socialismo). Ele morreu em 25 de agosto de 1900 e foi enterrado no jazigo da família.

DERRIDA E A DESCONSTRUÇÃO

A ideia de que o sentido é elusivo, contraditório, com múltiplas camadas e indeterminado está presente em boa parte da obra de Jacques Derrida. Em termos simples, a desconstrução é uma técnica de leitura de textos que coloca seu sentido radicalmente em dúvida. Ela rejeita a ideia de que há uma única interpretação correta de um texto que é determinada pelo significado padrão de suas palavras. Em vez disso, pode-se ler um texto para trazer à tona contradições ou ambiguidades ocultas; ou pode-se prestar atenção no que o texto não diz, na esperança de que o que está ausente possa revelar mais sobre seu sentido do que o que está presente. Essa abordagem coloca em questão a primazia da intenção do autor. Derrida não acreditava que a intenção não tivesse nenhuma importância no processo de desconstrução. Mesmo assim, existe a possibilidade de que um texto possa significar algo bem diferente do que o autor pretendia. Em particular, sua lógica interna pode sugerir uma leitura que está bem distante de como o texto seria normalmente interpretado. A desconstrução, desse modo, é um método que lança mão da subversão da aparência superficial de um texto, para revelar suas camadas ocultas de articulação. Ela tenta mostrar que os textos contêm lógicas contraditórias, que tendem a ser negligenciadas em tratamentos mais ortodoxos.

REFLEXÃO
Uma leitura desconstrutivista vai penetrar abaixo da superfície do texto, para assim demonstrar que, seja lá o que você pensava que o texto significava, ele provavelmente significa o oposto disso.

PENSAMENTO
De certo modo, o método desconstrutivista de Derrida está imune a objeções: há séculos, as pessoas têm examinado textos em busca de sentidos ocultos. No entanto, há problemas com a abordagem de Derrida. Um deles, longe de ser o menor, é que vez ou outra ele parece sugerir que a natureza elusiva da linguagem e o caráter autorreferente do texto inutilizam a ideia de que as palavras se referem a coisas particulares no mundo. Isso ameaça a distinção entre verdade e falsidade.

TEMA RELACIONADO
FODOR E A LINGUAGEM DO PENSAMENTO
p. 60

DADOS BIOGRÁFICOS
JACQUES DERRIDA
1930-2004

CITAÇÃO
Jeremy Stangroom

Depois de desconstruído, este texto descreve a imagem à direita. Será mesmo?

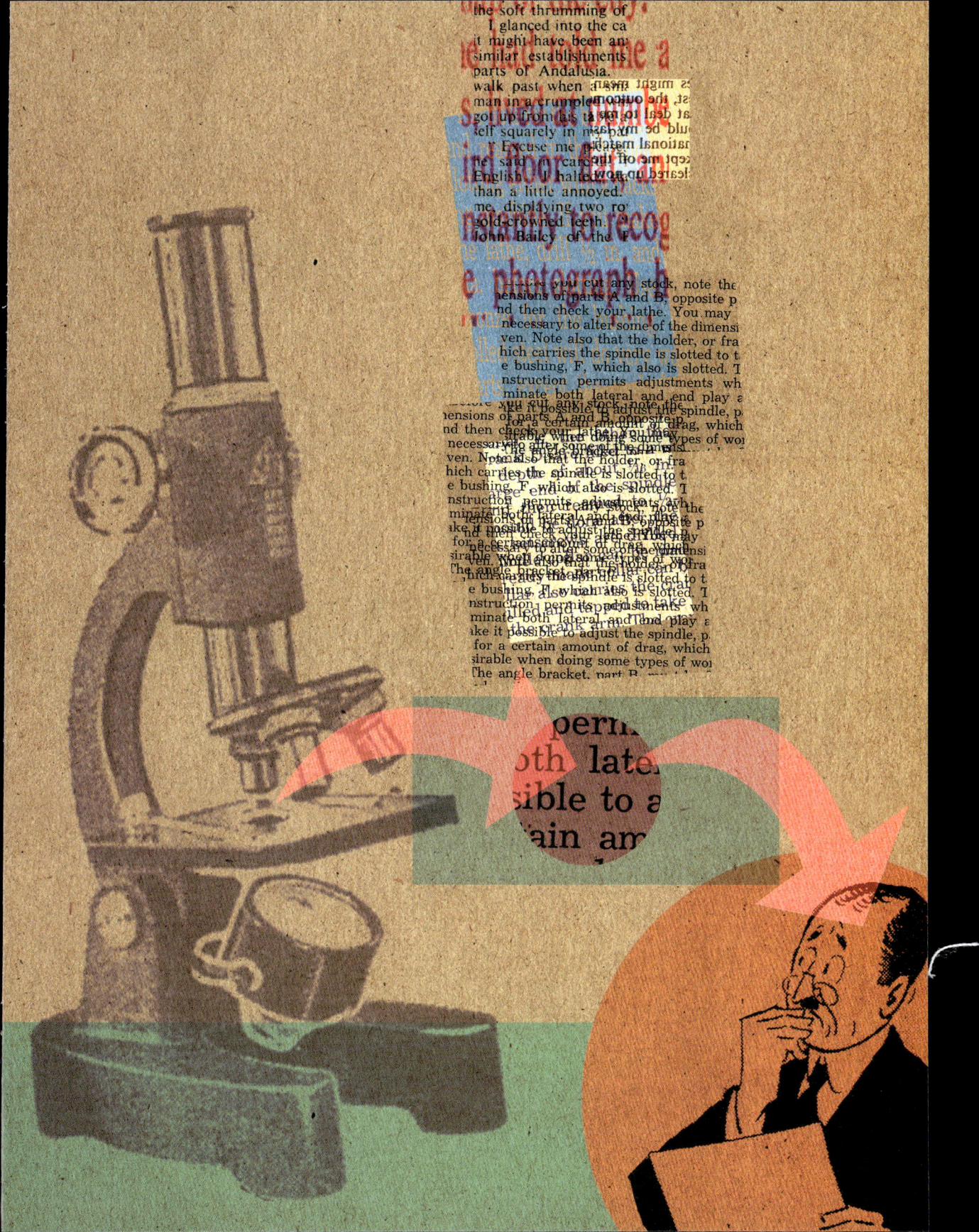

the soft thrumming of
I glanced into the ca
it might have been an
similar establishments
parts of Andalusia.
walk past when
man in a crumple
got up from his ta
elf squarely in m
Excuse me
he said
English I halt
than a little annoyed.
me, displaying two ro
gold-crowned teeth.
John Bailey of the

you cut any stock, note the
ensions of parts A and B, opposite p
nd then check your lathe. You may
necessary to alter some of the dimensi
ven. Note also that the holder, or fra
hich carries the spindle is slotted to t
e bushing, F, which also is slotted. T
nstruction permits adjustments wh
minate both lateral and end play a
ke it possible to adjust the spindle, p
for a certain amount of drag, which
sirable when doing some types of wo
The angle bracket, part B

perm
oth later
sible to a
ain am

HEIDEGGER E O NADA

O filósofo alemão Martin Heidegger

argumenta que a história da filosofia ocidental repousa sobre um equívoco. Os filósofos sempre abordaram as questões metafísicas com referência a esta ou aquela coisa ou ente particular, mas não ao próprio ser; o ser enquanto tal, seja lá o que ele for, é o que torna possível, em primeiro lugar, que existam coisas individuais com propriedades. Uma parte dos esforços de Heidegger para explorar a natureza do ser nesse sentido consiste em uma consideração do nada. Ela conduz ao que poderia muito bem ser a primeira questão da metafísica, talvez até mesmo a única questão verdadeiramente filosófica: "Por que existe algo, ao invés de nada?". Para responder a essa questão, precisamos ter alguma concepção do nada. O nada não é uma coisa particular ou um tipo de coisa, mas tampouco é exatamente uma ausência. Heidegger argumenta que, ao refletirmos cuidadosamente sobre o nada, experimentamos a angústia, e essa experiência é nossa melhor pista para compreender a verdadeira natureza do nada. Esse sentimento de angústia tem muito a ver com a inevitável nulidade que nos aguarda na morte. Ao vermos o nada dessa forma, como nosso limite ou fronteira, podemos passar a ver o nada não como o oposto do ser, mas como aquilo que molda e dá definição ao ser enquanto tal.

REFLEXÃO
Alguns dizem que as posições de Heidegger são muito barulho por nada.

PENSAMENTO
É um discurso arrebatador, talvez, mas quer dizer alguma coisa? Heidegger tem sido o saco de pancadas da filosofia analítica desde a metade do século passado, quando aqueles que esperavam eliminar o obscurantismo filosófico passaram a dar atenção crítica aos seus escritos. De acordo com A. J. Ayer, Bertrand Russell e outros, nada é o que se obtém quando alguém tenta estabelecer o sentido dos escritos de Heidegger.

TEMAS RELACIONADOS
PENSO, LOGO EXISTO
p. 36

O SUPER-HOMEM
DE NIETZSCHE
p. 144

DADOS BIOGRÁFICOS
MARTIN HEIDEGGER
1889-1976

BERTRAND RUSSELL
1872-1970

A. J. AYER
1910-1989

CITAÇÃO
James Garvey

De acordo com Martin Heidegger, por baixo de tudo está a nulidade – nothing, zero, absolutamente nada. Como isso faz você se sentir?

OOOOOOOOOOOO

SARTRE E A MÁ-FÉ

Jean-Paul Sartre, o filósofo

existencialista francês, possui um argumento famoso segundo o qual os seres humanos são sempre e em todo lugar radicalmente livres. No entanto, nossa liberdade tem um preço: experienciamos angústia e incerteza na medida em que estamos conscientes de que somos totalmente responsáveis pelas escolhas que fazemos. O termo "má-fé" – *mauvaise foi* – se refere às estratégias que empregamos para negar a liberdade que é inevitavelmente nossa. Isso normalmente significa assumir o comportamento de um objeto inerte, de forma que possamos parecer a nós mesmos uma coisa. Desse modo, passamos a ser capazes de negar que somos responsáveis pelas escolhas que fazemos, o que nos livra da incerteza da liberdade. Por exemplo, confrontados com uma questão moral difícil, podemos dizer a nós mesmos que somos forçados a agir de certa maneira porque isso é exigido por nosso emprego, ou pelas convenções morais, ou pela responsabilidade que temos para com nossa família. A realidade, entretanto, é que nunca podemos escapar de nossa liberdade nem de estarmos cientes dela, uma vez que ela faz parte da própria estrutura da consciência. O paradoxo da má-fé é que nós estamos simultaneamente cientes e ignorantes de que somos livres.

REFLEXÃO
Não importa quanto você insista que a culpa não é sua por ter comido o último pedaço de bolo, você sabe perfeitamente bem que você fez isso de sua própria vontade.

PENSAMENTO
A concepção de liberdade radical de Sartre é impressionante, mas problemática. Timothy Sprigge argumentou que ela é insuficientemente biológica. Considere o exemplo de uma pessoa intoxicada pelo álcool. Ao menos em parte, seu comportamento é uma função dos efeitos do álcool sobre seu cérebro. Entretanto, se aceitarmos que a biologia desempenha um papel, por que também não na ausência de álcool? Afinal de contas, o comportamento continua a ser uma função do cérebro, mesmo se não há substâncias tóxicas presentes na corrente sanguínea.

TEMA RELACIONADO
O DEMÔNIO DE LAPLACE, DETERMINISMO E LIVRE-ARBÍTRIO
p. 74

DADOS BIOGRÁFICOS
JEAN-PAUL SARTRE
1905-1980

TIMOTHY SPRIGGE
1932-2007

CITAÇÃO
Jeremy Stangroom

Se tomarmos mais um drinque ou comermos mais um pedaço de bolo, podemos dizer que estávamos apenas seguindo ordens?

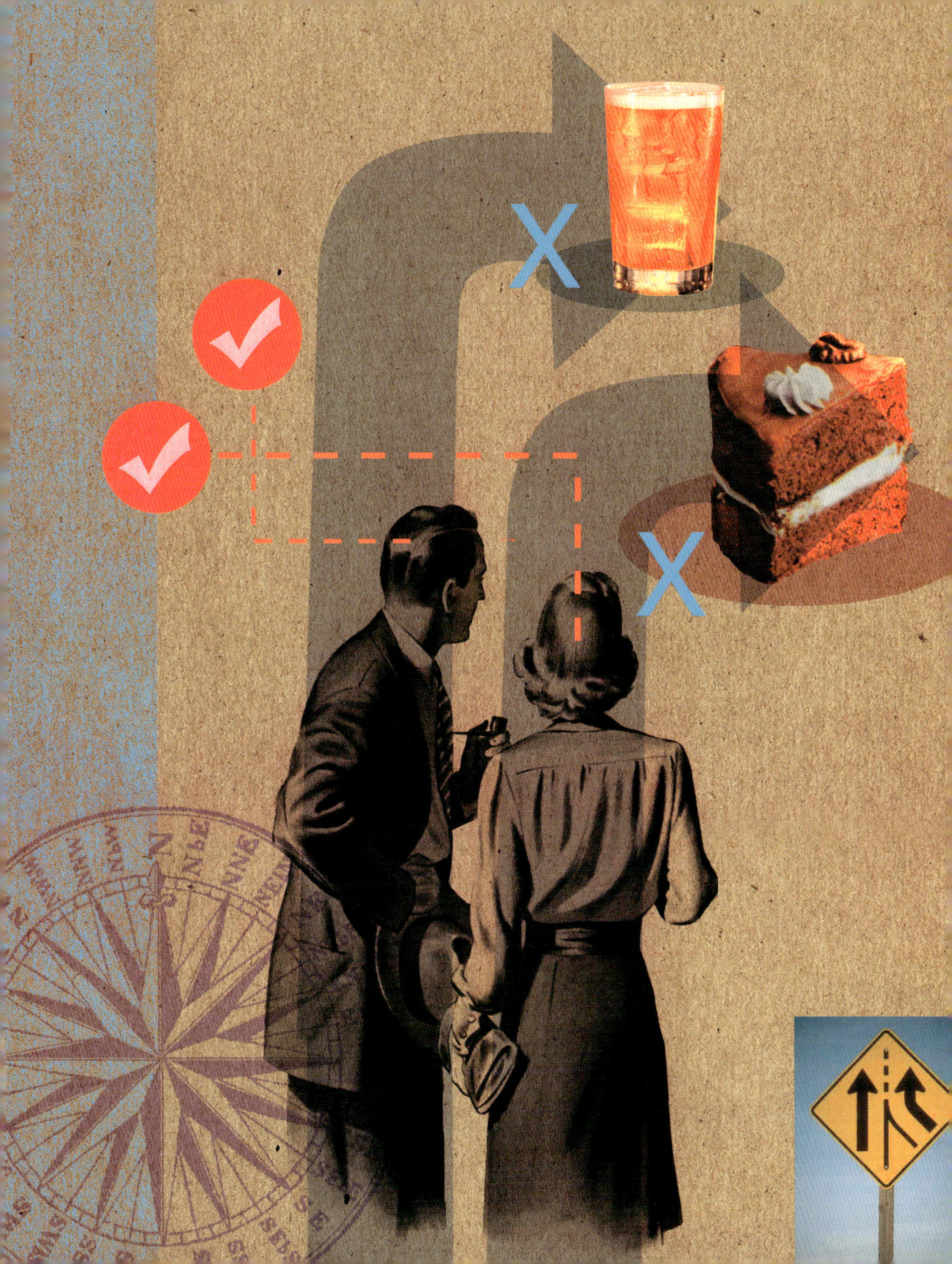

SOBRE OS COLABORADORES

EDITOR
Barry Loewer é professor de filosofia e chefe do departamento de filosofia da Universidade Rutgers, Nova Jersey (EUA). Entre seus interesses estão os fundamentos metafísicos da ciência, a filosofia da física e a filosofia da mente. Ele é coautor (com Georges Rey) de *Meaning in Mind* [Com o significado em mente] e (com Carl Gillett) de *Physicalism and its Discontents* [O fisicalismo e seus descontentes]. Loewer publicou muitos artigos sobre a filosofia da teoria quântica, a metafísica das leis e do acaso e a filosofia da mente.

PREFÁCIO
Stephen Law é o editor da revista *THINK*, do Instituto Real de Filosofia, no Reino Unido – publicação sobre filosofia direcionada ao público em geral. Ele obteve seu doutorado pelo Queen's College, na Universidade de Oxford, e atualmente dá palestras sobre filosofia no Heythrop College, na Universidade de Londres. É autor de várias publicações, entres elas *The Philosophy Files* [Arquivos filosóficos], *The Philosophy Gym* [Academia filosófica] e *The War for Children's Minds* [A guerra pela mente das crianças].

REDATORES
Julian Baggini é autor de diversos livros, entre eles *O porco filósofo: 100 experiências de pensamento para a vida cotidiana*, *Welcome to Everytown: A Journey in the English Mind* [Bem-vindo a Ordinarópolis: uma jornada pela mente inglesa] e *Complaint* [Queixa]. Ele é cofundador e editor da *The Philosophers' Magazine*. Escreveu para muitos jornais e revistas, entre eles *The Guardian* e *The Herald*, e tem sido regularmente convidado para vários programas de rádio, entre eles *In Our Time* [Nossos tempos] da BBC Radio Four.

Kati Balog é natural da Hungria, mas concluiu sua graduação em filosofia nos Estados Unidos e atualmente é professora associada de filosofia na Universidade de Yale. Suas áreas principais de pesquisa são a filosofia da mente e a metafísica. Ela está atualmente escrevendo uma monografia sobre o problema mente-corpo e a natureza da consciência, e diz que também está interessada na relação da identidade pessoal com o tempo e em qual o papel desempenhado em nossa psicologia pela reflexão sobre essa questão. Balog trabalha na tradição analítica, mas também estuda o budismo, que influenciou suas posições filosóficas. Em seu tempo livre, gosta de realizar atividades com seus familiares, ler, tocar piano e viajar.

James Garvey é secretário do Instituto Real de Filosofia e escreveu vários livros, entre eles *Uma introdução aos vinte melhores livros de filosofia*, e foi coautor de *Os grandes filósofos*.

Jeremy Stangroom é cofundador e editor de novas mídias da *The Philosophers' Magazine*. Ele é autor de um grande número de livros, entre eles (com Ophelia Benson) *Why Truth Matters* [Por que a verdade importa], um livro do ano da revista *Prospect* e *What Scientists Think* [O que pensam os cientistas]. É PhD em teoria social pela London School of Economics e atualmente vive em Toronto, Canadá.

FONTES DE INFORMAÇÃO

LIVROS

Aristóteles: Obras completas
Aristóteles
(WMF Martins Fontes, 2011)

Coleção Diálogos de Platão
Platão
(Editora da UFPA, 2011)

Conjecturas e refutações
Karl Popper
(UNB, 2008)

The Conscious Mind
[A consciência]
David J. Chalmers
(Oxford University Press, 1999)

Crítica da razão pura
Immanuel Kant
(Vozes, 2012)

Deconstruction for Beginners
[Desconstrução para iniciantes]
Jim Powell
(For Beginners, 2008)

Facto, ficção e previsão
Nelson Goodman
(Presença, 1991)

Friedrich Nietzsche: obras escolhidas
Friedrich Nietzsche
(L&PM Editores, 2013)

Matéria e consciência: uma introdução contemporânea à filosofia da mente
Paul M. Churchland
(Editora Unesp, 2004)

Meditações sobre filosofia primeira
René Descartes
(Unicamp, 2004)

A New Aristotle Reader
[Um novo leitor de Aristóteles]
J. L. Ackrill (editor)
(Princeton University Press, 1988)

Pense: uma introdução à filosofia
Simon Blackburn
(Gradiva, 2001)

The Philosophy of Jean-Paul Sartre
[A filosofia de Jean-Paul Sartre]
Jean-Paul Sartre
(Vintage, 2003)

A prova de Gödel
Ernest Nagel e James R. Newman
(Perspectiva, 2012)

Que quer dizer tudo isto?
Thomas Nagel
(Gradiva, 1995)

Tratado da natureza humana
David Hume
(Editora Unesp, 2009)

Wittgenstein: A Very Short Introduction
[Wittgenstein: uma apresentação muito breve]
A. C. Grayling
(Oxford University Press, 2001)

REVISTAS/JORNAIS

The Philosophers' Magazine
www.philosophersnet.com

Philosophy NOW
www.philosophynow.org

THINK
www.royalinstitutephilosophy.org/think

SITES

EpistemeLinks
www.epistemelinks.com
Lista abrangente de links para fontes de informação sobre filosofia na internet

Guide to Philosophy on the Internet
www.earlham.edu/~peters/philinks.htm
Listas em tópicos de fontes de informação sobre filosofia

Philosophy Pages
www.philosophypages.com
Auxílios para o estudo da filosofia, incluindo um guia de estudo, dicionário, linha do tempo, discussões acerca dos principais filósofos e links para e-textos.

ÍNDICE

A
agnósticos 98
alienação 80, 92
angústia 142, 150
Anselmo de Cantuária 102
Aquiles e a tartaruga 68
Aquino, Tomás de *veja* Tomás de Aquino, São
argumento ontológico, o 99, 102
argumentos não circulares 35
Aristóteles 20-1, 35, 80, 117
  "as quatro causas" 122
  ética 82
  silogismos 16
ateus 98
átomos/atomistas 116, 124
axiomas de Peano 26

B
behaviorismo 54
Berkeley, George 117, 128
Black, Max 44
bom selvagem, o 80, 84
bonde, o problema do 94
Brentano, Franz 58

C
casos de Gettier 34, 38
"cérebro em uma cuba" 42
ceticismo 34, 42
Chalmers, David 66
Chomsky, Noam 22
Church, Alonzo 16
conceptibilidade 54
conhecimento *a posteriori* 116, 130
conhecimento *a priori* 116, 130
consciência 54
consciência indireta 116
contrato social, o 80, 84

D
dedução 14, 34
Derrida, Jacques 148
Descartes, René 36, 56, 64-5, 76
desconstrução 148
descrições, teoria das 22
design 98
design inteligente 98, 100, 108
determinismo 54, 74
Deus (definição) 98-9
Deus, morte de 142

dualismo 34, 54
  Chalmers 66

E
Engels, Friedrich 81
epicurismo 116
Epicuro 106, 116, 124
Epimênides 28
epifenomenalismo 54, 56
estado de natureza 80
Eubulides 30
existencialismo 142
experimento mental 34

F
"fantasma na máquina, o" 76
fisicalismo 56
Fodor, Jerry 55, 60
Foot, Philippa 94
forma lógica 14, 22
Formas 116, 117
Frege, Gottlob 16, 18, 24, 127

G
Gaunilo 102
Gettier, Edmund 34, 38
Gödel, Kurt 16, 26
Goodman, Nelson 34, 46

H
hedonismo 80
Hegel, G. W. F. 132
Heidegger, Martin 142, 143, 150
hermenêutica 142
Hobbes, Thomas 72, 80, 84
Hume, David 34, 44, 98, 108, 112

I
idealismo 56, 128
ideias 117
identidade pessoal 54
imperativos 80
imperativos categóricos 80, 86
indução/regras indutivas 14, 34
  Goodman 46
  Hume 44
inferências 14, 34
intencionalidade 55, 58
interacionismo dualista 56
intuições morais 80

J
James, William 134
justificação 34

K
Kant, Immanuel 88-9, 130
  espaço 70
  imperativos categóricos 80, 86
Kripke, Saul 24
Kuhn, Thomas 50

L
Laplace, Pierre-Simon 74
Leibniz, Gottfried 70
liberdade radical 142
linguagem do pensamento 60
línguas naturais 55
livre-arbítrio 55, 74
Locke, John 62, 65
lógica 14
lógica de primeira ordem com identidade 16
logicismo 18
Lucrécio 124

M
mal 98, 106
Marx, Karl 81, 92
materialismo histórico 81, 92
mente, a 117
milagres 98, 112
Mill, John Stuart 90
monismo 55, 56
Moore, G. E. 136
mudanças de paradigma 50
mundo exterior 35, 117

N
Nagel, Thomas 54
Newton, Isaac 70, 74
Nietzsche, Friedrich 142, 143, 144, 146-7
niilismo 143
nó do mundo, o 56

P
Paley, William 108
paradigmas 35
paradoxos 14, 55
paradoxo do mentiroso 28
Parfit, Derek 62
Pascal, Blaise 110
Penrose, Roger 26
Platão 116, 117, 118, 120
Popper, Karl 40-1, 48, 127
positivismo lógico 132
pragmatismo 134
proposições analíticas 130
proposições sintéticas 130
Putnam, Hilary 42

Q
quebra-cabeça de Frege 24
logicismo 18

R
Reichenbach, Hans 44
relativismo 35
Rousseau, Jean-Jacques 80, 84
Russell, Bertrand 14, 18, 22, 46, 127, 150
  teoria das descrições 22
Ryle, Gilbert 76

S
Sartre, Jean-Paul 152
Schopenhauer, Arthur 56
sensações brutas 55, 58
senso comum 136
ser 143, 150
sobredade 55
  veja também intencionalidade
Sócrates 99, 118, 120
Soros, George 48
Sprigge, Timothy 152
Strawson, Peter 44
super-homem 143, 144
substrato material 117

T
Tarski, Alfred 28
teístas 99
Teseu, o navio de 72
Thomson, Judith Jarvis 94
Tomás de Aquino, São 100, 104-5

U
Übermensch 143
  veja também super-homem
utilitarismo 90

W
Wittgenstein, Ludwig 22, 126-7, 138

Z
Zenão de Eleia 68

AGRADECIMENTOS

CRÉDITOS DAS ILUSTRAÇÕES
A editora gostaria de agradecer aos seguintes indivíduos e organizações pela gentil permissão para reproduzir as imagens neste livro. Não se pouparam esforços para dar o reconhecimento devido às ilustrações; pedimos desculpas por quaisquer omissões não intencionais.

akg: 40, 88, 104, 126, 146
Corbis: 20; Bettmann: 64